"新思想在浙江的萌发与实践"系列教材

主编　任少波

腾笼换鸟　凤凰涅槃

Emptying
the Cage to Change
the Bird,
Raising a Phoenix
Who Rises from
the Ashes

兰建平　编著

ZHEJIANG UNIVERSITY PRESS
浙江大学出版社

序

浙江是中国革命红船的起航地、改革开放的先行地、习近平新时代中国特色社会主义思想的重要萌发地。习近平同志在浙江工作期间,作出了"八八战略"重大决策部署,先后提出了"绿水青山就是金山银山""腾笼换鸟、凤凰涅槃"等科学论断,作出了平安浙江、法治浙江、文化大省、生态省建设及加强党的执政能力建设等重要部署,推动浙江经济社会发展取得了前所未有的巨大成就。2020年3月29日至4月1日,习近平总书记到浙江考察,提出浙江要坚持新发展理念,坚持以"八八战略"为统领,干在实处、走在前列、勇立潮头,努力成为新时代全面展示中国特色社会主义制度优越性的重要窗口。习近平新时代中国特色社会主义思想在浙江的萌发与实践开出了鲜艳的理论之花,结出了丰硕的实践之果,是一部中国特色社会主义理论的鲜活教科书。

走进新时代,高校在宣传阐释党的创新理论、培养能担当民族复兴大任的时代新人方面责无旁贷。浙江大学是一所在海内外有较大影响力的综合型、研究型、创新型大学,同时也是中组部、教育部确定的首批全国干部教育培训基地。习近平同志曾18次莅临浙江大学指导,对学校改革发展作出了一系列重要指示。我们编写本系列教材,就是要充分发挥浙江"三个地"的政治优势,将新思想在浙江的萌发与实践作为开展干部培训的重要内容,作为介绍浙江发展的案例样本,作为办学的重要特色,举全校之力高质量教育培训干部,高水平服务党和国家事业发展。同时,本系列教材也将作为高校思想政治理论课的重要教材,引导师生通过了解浙江改革发展历程,深切感悟新思想的理论穿透力和强大生命力,深入感知国情、省情和民情,让思想政治课更加鲜活,让新思想更加入脑入心,打造具有浙江大学特色的高水平干部培训和思政教育品牌。

实践是理论之源,理论是行动的先导。作为改革开放的先行地,浙江坚持"八八战略",一张蓝图绘到底,立足实际,全面客观分析省情、国情,通过扬长避短、取长补短走出了符合浙江实际的发展道路;作为乡村振兴探索的先行省份,浙江从"千村示范、万村整治"起步,逐步破除城乡二元结构,有效整合工业化、城市化、农业农村现代化,统筹城乡发展,率先在全国走出一条以城带乡、以工促农、城乡一体化发展的道路;作为"绿水青山就是金山银山"理念的发源地和率先实践地,浙江省将生态建设摆到重要位置统筹谋划,不断强化环境治理和生态省建设,打造"美丽浙江",为"绿色浙江"的建设迈向更高水平、更高境界指明了前进方向和战略路径;作为经济转型发展的先进省份,浙江坚持以改革创新为第一动力、以发展为第一要务,在"腾笼换鸟"中"凤凰涅槃",不仅"立足浙江发展浙江",而且"跳出浙江发展浙江",由资源小省发展成为经济大省、经济强省。

在浙江工作期间,习近平同志怀着强烈的使命担当提出加强党的建设"巩固八个方面的基础,增强八个方面的本领"的总体战略部署,从干部队伍和人才队伍建设、基层组织和党员队伍建设、党的作风建设与反腐败斗争等方面坚持和完善党的领导,有力推进了浙江党的建设走在前列、发展走在前列。在浙江工作期间,习近平同志以高度的文化自觉,坚定文化自信、致力文化自强,科学提炼了"求真务实、诚信和谐、开放图强"的"浙江精神",对浙江文化建设作出了总体部署,为浙江文化改革发展指明了前进方向。在浙江工作期间,习近平同志积极推进平安浙江、法治浙江、文化大省建设。作为"平安中国"先行先试的省域样本,浙江被公认为全国最安全、社会公平指数最高的省份之一。在浙江工作期间,习近平同志着力于发展理念与发展实践的有机统一,着力于发展观对发展道路的方向引领,着力于浙江在区域发展中的主旨探索、主体依靠、关系处理及实践经验的总体把握,深刻思考了浙江发展的现实挑战、面临困境、发展目标、依靠动力和基本保障等一系列问题,在省域层面对新发展理念进行了思考与探索。

从"绿水青山就是金山银山"理念到"美丽中国",从"千万工程"到"乡村振兴",从"法治浙江"到"法治中国",从"平安浙江"到"平安中国",从"文化大省"到"文化强国"……可以清晰地看到,习近平同志在浙江的重大战略布局、改革发展举措及创新实践经验,体现了新思想萌发与实践的重要历程。

浙江的探索与实践是对新思想鲜活、生动、具体的诠释,对党政干部培训和高校思想政治理论课教学而言,就是要不断推动新思想进学术、进学科、进课程、进培训、进读本,使新思想落地生根、入脑入心。本系列教材由浙江省有关领导干部、专家及浙江大学知名学者执笔,内容涵盖"八八战略"、新发展理念、"绿水青山就是金山银山"理念、乡村振兴、"千万工程"、"腾笼换鸟"、党的建设、

"枫桥经验"、平安浙江、民营经济、精神引领、文化建设等重要专题。浙江省以习近平新时代中国特色社会主义思想为指引,全面贯彻党中央各项决策部署,统筹推进"五位一体"总体布局、协调推进"四个全面"战略布局,坚持稳中求进工作总基调,坚持新发展理念,坚持以"八八战略"为统领,一张蓝图绘到底,干在实处、走在前列、勇立潮头,努力把浙江建设成为新时代全面展示中国特色社会主义制度优越性的重要窗口,为社会各界深入了解浙江改革开放和社会主义现代化建设的成功经验提供有益的参考。

本系列教材主要有以下特色:一是思想性。教材以习近平新时代中国特色社会主义思想为指导,通过新思想在浙江的萌发与实践展现党的创新理论的鲜活力量。二是历史性。教材编写涉及的主要时期为2002年到2007年,并作适当延伸或回顾,集中反映党的十八大以来浙江坚持一张蓝图绘到底,在新思想指导下的新实践与取得的新成就。三是现实性。教材充分展现新思想萌发与实践过程中的历史发展、典型案例、现实场景,突出实践指导意义。四是实训性。教材主要面向干部和大学生,强调理论学习与能力提升相结合,使用较多案例及分析,注重示范推广性,配以思考题和拓展阅读,加强训练引导。

"何处潮偏盛?钱塘无与俦。"奔涌向前的时代巨澜正赋予浙江新的期望与使命。起航地、先行地、重要萌发地相互交汇在这片神奇的土地上,浙江为新时代新思想的萌发、形成和发展提供了丰富的实践土壤。全景式、立体式展示浙江的探索实践,科学全面总结浙江的经验,对于学深、悟透党的创新理论,用习近平新时代中国特色社会主义思想武装全党、教育人民具有重大意义。让我们不负梦想不负时代,坚定不移地推进"八八战略"再深化、改革开放再出发,为建设社会主义现代化强国、实现中华民族伟大复兴的中国梦作出更大贡献。

感谢专家王永昌教授、胡坚教授、张彦教授对本系列教材的指导和统稿,感谢浙江大学党委宣传部、浙江大学继续教育学院(全国干部教育培训浙江大学基地)、浙江大学中国特色社会主义研究中心、浙江大学马克思主义学院、浙江大学出版社对本系列教材的人力支持,感谢各位作者的辛勤付出。由于时间比较仓促,书中难免有不尽完善之处,敬请读者批评指正。

是为序。

"新思想在浙江的萌发与实践"
系列教材编委会
二〇二〇年五月

前　言

　　"努力成为新时代全面展示中国特色社会主义制度优越性的重要窗口"是习近平总书记 2020 年在浙江考察指导工作时对浙江提出的新目标新定位,而"腾笼换鸟、凤凰涅槃"是习近平同志在浙江工作时提出的关于经济发展的一个重要论述。以"腾笼换鸟、凤凰涅槃"来阐明"调结构、转方式"的重要意义和方向路径:"腾笼换鸟"指经济发展过程中的一种战略举措,就是把现有的传统制造业从目前的产业基地"转移出去",再把"先进生产力"转移进来,以实现经济转型、产业升级;"凤凰涅槃"用来比喻经济领域一种脱胎换骨的新状态。

　　按照"腾笼换鸟、凤凰涅槃"的思路,浙江省形成了加快转变发展方式、推进经济转型升级的新局面。全省持续推进创新驱动,全面深化改革,积极适应、把握、引领经济发展新常态,发展环境不断优化,发展活力不断释放,发展空间不断拓展,发展动能不断增强,综合实力持续提升,经济社会发展主要指标居全国前列。

　　"腾笼换鸟、凤凰涅槃",究其本质,既是切合实施经济结构调整之需,也是对改革本义的间接阐释。2014 年 3 月,习近平总书记参加十二届全国人大二次会议广东代表团审议,在谈到全面深化改革、促进结构调整时,又一次提出了"腾笼换鸟、凤凰涅槃",并强调:"腾笼"不是"空笼",要先立后破,还要研究"新鸟"进笼"老鸟"去哪儿的问题。

可以说,"腾笼换鸟、凤凰涅槃"起始于浙江经济的自我探索和完善,更为中国经济的转型升级提供了一个可复制的样本。40 多年改革开放的历史经验告诉我们,实践是检验真理的唯一标准。如今,"腾笼换鸟、凤凰涅槃"所蕴含的"调结构、转方式"基本观点在越来越多的地方得到呼应和实践,并且取得了成效,这无疑启示我们:只有不断加强创新,以"新鸟"换"旧鸟",才能实现中国经济的升级版,使得中国经济浴火重生、脱胎换骨,进入高质量发展的新时代。

兰建平

2020 年 10 月

目 录

在这个过程中,可能意味着一些企业甚至产业的萎缩,进而影响到一个地方经济的增长;也可能意味着这些企业和产业退出市场会给我们的产业高度化腾出发展空间。这就是我们所说的"腾笼换鸟"。在这个过程中,我们面临着两个选择:一个是被动的,任由资源约束下的"鸟去笼空";一个是主动的,努力培育"吃得少、产蛋多、飞得高"的"俊鸟"。后一个选择的过程,实际上就是培育新的经济增长点的过程。

——摘自习近平同志 2005 年 4 月 29 日在浙江省委专题学习会上的讲话

第一章 "腾笼换鸟、凤凰涅槃"重要论述:形成与发展

◆◆ 本章要点

1. 重点介绍"腾笼换鸟、凤凰涅槃"重要论述形成的历史背景,主要包括论述的提出、理论依据和优势。

2. 概述"腾笼换鸟、凤凰涅槃"的论述形成—实践探索—战略深化的发展历程。

第一节 "腾笼换鸟、凤凰涅槃"重要论述的形成

一、论述的提出

2002 年,习近平同志到浙江工作。从公开文献可以看到,无论是在省委全会上作报告,在全省经济工作会议上的讲话,还是 2004

年 2 月在参加省部级主要领导干部专题研究班上的发言,"调结构、转方式",始终是习近平同志主抓浙江经济的一项重要内容。习近平同志调任浙江工作后,经过深入细致的调查研究,于 2003 年 7 月提出了引领浙江发展、推进各项工作的总纲领——"八八战略"。"腾笼换鸟、凤凰涅槃"就是在实施"八八战略"的过程中提出来的。

"腾笼换鸟",原指把笼子里的鸟放出来,腾出空笼放入新鸟,用来比喻彻底解决问题,必须从本质上作出改变。运用于经济发展过程中的一种战略举措,就是把现有的传统制造业从目前的产业基地"转移出去",再把"先进生产力"转移进来,以达到经济转型、产业升级。具体地说,就是要拿出浙江人勇闯天下的气概,跳出浙江发展浙江,按照统筹区域发展的要求,积极参与全国的区域合作和交流,为浙江的产业高度化腾出发展空间;并把"走出去"和"引进来"结合起来,引进优质的外资和内资,促进产业结构的调整,弥补产业链的短项,对接国际市场,从而培育和引进"吃得少、产蛋多、飞得高"的"俊鸟"。[①]

"凤凰涅槃",原指凤凰在火中重生并得到永生,用来比喻为获得重生而敢于牺牲的奋斗精神和坚强意志。用在经济领域,比喻一种脱胎换骨的新状态。具体地说,就是要拿出壮士断腕的勇气,摆脱对粗放型增长的依赖,大力提高自主创新能力,建设科技强省和品牌大省,以信息化带动工业化,打造先进制造业基地,发展现代服务业,变制造为创造,变贴牌为创牌,实现产业和企业的浴火重生、脱胎换骨。[②] 实现"腾笼换鸟、凤凰涅槃"是推动浙江产业高

---

① 习近平.之江新语[M]. 杭州:浙江人民出版社,2007:184—185.
② 习近平.之江新语[M]. 杭州:浙江人民出版社,2007:184.

度化发展的客观趋势和必然选择。关于"凤凰涅槃",习近平同志曾用"三只猎犬"的故事进行生动解释。他说,非洲猎犬个头小,但是群体狩猎,面对比它大很多的斑马,三只猎犬精确分工,一只咬后腿,一只咬前腿,一只咬脖子,干掉一匹斑马。猎犬式分工使得浙江众多的中小企业有效降低了生产成本,制造出物美价廉的产品。但另一方面,企业想要多赚钱,却做不到"物美而价高",究其原因就是没有自己的品牌。差不多质量的皮鞋,没有品牌就只能卖二三十元钱,如果是国内驰名商标则可卖到几百、上千元,如果是国际名牌甚至可以卖到上万元。价格上升的空间是非常大的,这就是凤凰涅槃、脱胎换骨。

二、理论的优势

(一)具有深厚的实践和理论基础

一是来源于实践。"腾笼换鸟、凤凰涅槃"重要论述萌芽、形成于习近平同志在浙江的工作实践。进入 21 世纪,浙江经济进入了工业化、城市化、信息化、市场化和国际化进程加速阶段,长期困扰浙江发展的结构性、素质性矛盾和问题开始不断显现。要继续促进浙江经济持续健康协调发展,保持浙江经济活力、经济总量、发展速度的领先地位,依靠以往那种高投入、高排放、以牺牲环境为代价的发展方式已难以为继,必须加快转变经济增长方式。习近平同志在浙江工作期间,把马克思列宁主义、毛泽东思想、邓小平理论、"三个代表"重要思想、科学发展观与现代经济学理论结合,充分结合浙江发展实际提出了"腾笼换鸟、凤凰涅槃"。"腾笼换鸟、凤凰涅槃"符合浙江实际,经过了浙江实践检验,是中国发展中的马克思主义,符合国情,具有深厚的实践基础和大范围推广价值。"腾笼换鸟、凤凰涅槃"具有全局意义,如果放在全国版图上,它们正经历着相同的"气候"。

二是升华于理论。"腾笼换鸟、凤凰涅槃"继承和发展了马克思列宁主义、毛泽东思想、邓小平理论、"三个代表"重要思想、科学发展观在经济领域的主要观点,坚持了"实事求是"这一历史唯物主义、辩证唯物主义的核心思想。经典马克思主义创新理论关于以新技术、新机器替代传统生产方式的丰富论述,改革开放以来中国在发展中形成的吸收再创新、自主创新、结构调整、技术改造等思路,均为"腾笼换鸟、凤凰涅槃"提供了理论资源。同时,"腾笼换鸟、凤凰涅槃"吸纳了波特国际竞争优势理论、可持续发展理论、产业链整合理论、创新理论、战略生态位等经济学基本理论成果,具有深厚的理论基础。

(二)具有极强的现实推广和指导意义

一是变抽象理论为形象化表达。"腾笼换鸟、凤凰涅槃",具有深厚的中国文化底蕴,用两个浅显易懂、耳熟能详的成语表达了浙江经济优化升级的决心和路径,把复杂的理论浓缩在了两个通俗的成语上,令人记忆深刻,让浙江人民更容易理解推动经济转型的目标、决心、思路、方法,从而形成共识。"腾笼换鸟、凤凰涅槃"继承了邓小平"黑猫白猫"论的优势,它来自群众的实践,符合人们的日常表达习惯,脍炙人口,极易产生共鸣。

二是寓意了浙江经济"调结构、转方式"的战略意义和方向路径。"腾笼换鸟、凤凰涅槃",以生动形象的比喻阐明了浙江经济"调结构、转方式"的战略意义和方向路径,对于推动经济转型升级具有十分重要的指导意义。首先,经济结构调整应有"凤凰涅槃"的气概。经济结构调整是对传统经济的变革,既是痛苦的抉择,也有升华的喜悦。犹如"凤凰"必须接受烈焰的洗礼、在灰烬中重生,才能使其羽更丰、其音更清、其神更邃。运用"凤凰涅槃"比喻经济结构调整,就是引导人们要以"凤凰涅槃"的决心和气概推动经济结构调整。其次,经济结构调整应有"腾笼换鸟"的胆略。经济转方式、调结构犹如主动"腾笼"引"俊鸟"、驱"劣鸟"的过程,感情不舍、过程艰难、结果难测、具有风险,这就需要割舍感情、直面困难、勇于担当的胆略。运用"腾笼换鸟"比喻经济结构调整,就是引导人们要以"腾笼换鸟"的胆略推动经济转型升级。再有,育"火凤凰"、引"俊鸟"是经济结构调整的追求。实现高质量发展,必须进行经济结构调整,实现产业转型升级。运用"腾笼换鸟、凤凰涅槃"比喻经济结构调整,就是引导人们要正确看待产业转型升级,这虽然是一个痛苦的过程,也是一个升华的过程,更是一个追求卓越的过程。先进制造业是"腾笼换鸟、凤凰涅槃"在产业领域的具体实践目标,推动传统产业转型升级,打造先进制造业基地,就是"腾笼换鸟、凤凰涅槃"在浙江的生动实践,而特色小镇则是浙江实践"腾笼换鸟、凤凰涅槃"的平台载体。

第二节 "腾笼换鸟、凤凰涅槃"重要论述的发展

一、论述形成阶段

浙江相对粗放的经济发展模式亟待变革。浙江省"七山一水两分田",作为市场先发地区,进入 21 世纪,率先遇到了成本、市场、资源要素及环境的"制约之痛"。浙江多年构建起来的低成本、低价格优势正在逐步弱化,经济发展带来的环境污染日益严峻,资源、环境等要素制约不断加剧,粗放型外延式的增长方式已难以为继,率先遇到了"成长的烦恼"和"转型的阵痛"。2003 年,浙江规模

以上制造业的增加值率只有 22.8％,低于韩国 20 个百分点,规模以上工业企业的劳动生产率为 5.98 万元/人,这一水平只是美国 1995 年的 7.4％。2003 年,浙江每创造 1 亿元 GDP 需排放 28.8 万吨废水,创造 1 亿元工业增加值需排放 2.38 亿标立方米工业废气,产生 0.45 万吨工业固体废物①。2002 年至 2004 年,浙江产品在国际市场上亦承受重压,遭遇到美国、印度等多个国家提起的数十起"两保一反"调查,受调查产品从打火机、轴承、眼镜、纺织品、茶叶、家具到鞋类,几乎涉及浙江全部大宗出口商品。这些成本、市场、资源要素及环境等困扰直指浙江自身长期积累的结构性、素质性矛盾,直指浙江相对粗放的经济发展模式。破解资源环境约束与经济粗放发展之间的矛盾,已迫在眉睫。

"腾笼换鸟、凤凰涅槃"重要论述正式提出。习近平同志调任浙江工作后,敏锐地察觉到浙江自身的结构性、素质性矛盾,经过深入细致的调查研究,于 2003 年 7 月提出了引领浙江发展、推进各项工作的总纲领——"八八战略"。"腾笼换鸟、凤凰涅槃"就是在实施"八八战略"的过程中提出来的。习近平同志在不同场合形象地提出,浙江省要坚决贯彻中央宏观调控政策,"腾笼换鸟、凤凰涅槃",坚定不移地推进经济结构的战略性调整和增长方式的根本性转变。2004 年底,在浙江省经济工作会议上,习近平同志明确指出:要破解浙江发展瓶颈,必须切实转变经济发展方式,实施"腾笼换鸟"——"天育物有时,地生财有限,而人之欲无极。浙江只有凤凰涅槃,才能浴火重生"。

如何让"腾笼换鸟、凤凰涅槃"发展理念成为深入人心的广泛

---

① 周咏南,刘乐平."两只鸟论"的浙江实践——我省以改革牵引高质量发展纪实[N].浙江日报,2018-02-28(1).

共识呢？习近平同志在各地调研，利用各种机会，向大家说明改变经济增长方式的重要性、紧迫性。最终统一了思想：所谓"腾笼换鸟"，并不是简单的"腾小鸟、换大鸟"，也不是一味淘汰传统的工业企业。说到底，"腾笼换鸟"，就是对现有产业进行优化提升，换来新的产业、新的体制和新的增长方式，让有限的资源发挥更大的效益，最终实现"浙江制造"到"浙江创造"的飞跃。

2005年4月8日，《浙江日报》头版刊发编辑部文章《"腾笼换鸟"促发展》，这是面对当时要素瓶颈制约下粗放发展难以为继的现实，推出的一篇重要评论，该篇文章全面系统地阐述了"腾笼换鸟"的发展理念。报道刊发后，迅速在浙江全省产生了积极影响，澄清了存在于一些人头脑中的疑惑，凝聚起了全省上下加快转变发展方式的精气神。

2006年3月，习近平同志以"哲欣"为笔名首次系统阐述了"腾笼换鸟、凤凰涅槃"。文内明确提出，推进经济结构的战略性调整和增长方式的根本性转变：一个是"凤凰涅槃"，另一个是"腾笼换鸟"。由此，浙江正式揭开了"腾笼换鸟、凤凰涅槃"的大幕。

二、实践探索阶段

按照"腾笼换鸟、凤凰涅槃"重要论述，一张蓝图绘到底，一以贯之谋发展。"腾笼换鸟"、推进经济发展方式转变，成为历届浙江省委、省政府的不懈追求。十一届浙江省委提出了"八八战略"，以"凤凰涅槃"的勇气、"腾笼换鸟"的举措、"浴火重生"的气魄，推进发展方式转变，把浙江转变经济发展方式推上新台阶。十二届浙江省委深入实施"八八战略"和"创业富民，创新强省"总战略，形成了加快转变发展方式、推进经济转型升级的新局面。在"腾笼换鸟、凤凰涅槃"的战略实施阶段，全省持续推进创新驱动，全面深化改革,积极适应把握引领经济发展新常态,发展环境不断优化,发展活力不断释放,发展空间不断拓展,发展动能不断增强,综合实力持续提升,经济社会发展主要指标居全国前列。

加快先进制造业基地与新型服务业建设,推动产业层次明显提升。2005年,《浙江省先进制造业基地建设重点领域、关键技术和产品导向目录》出台,明确了高技术产业、装备制造业、传统优势产业改造提升和循环经济等四大类先进制造业基地建设重点,并且明确了36个重点领域和100项发展重点,组织实施一批带动性强、投资规模大、技术水平高、市场前景好的重大技术改造项目。同时,打造新型现代服务业,促进先进制造业与现代服务业"双轮驱动"、融合发展。高新技术、新兴产业发展迅速,带动产业结构加速升级,进一步完善优化发展方式。

全力推动淘汰落后产能工作。浙江省经贸委出台《浙江省限制和淘汰制造业落后生产能力目录》(浙经贸制造〔2005〕858号),有步骤地淘汰落后生产技术、工艺和产品,并采取有效措施加以实施,以进一步缓解资源能源约束,加快工业用地集约和置换利用。在这一目录里,涉及九大行业、430项技术的传统工业项目,被列入限制和淘汰的"黑名单"。在当时,浙江淘汰和限制的这些"落后制造"项目,在其他许多地方仍旧是招商引资的重点,有些还被列为地方经济的支柱产业。

激发体制机制活力,推进民营企业新飞跃,市场主体不断升级。充分激发群众的创新意识,引导群众的创业热情,深入实施以"个转企、小升规、规改股、股上市"为重点的企业升级工程,鼓励引导小微企业健康成长,支持民营企业通过自主创新把企业做大做强,进一步提升民营企业在市场中的地位与作用,为市场带来更多的活力。逐步在全省范围内开展资源要素市场化配置改革。2002年10月嘉兴市秀洲区启动首批废水排污权有偿使用,拉开全国排污权有偿使用的序幕;2005年,东阳市和义乌市的水权交易开创全国先河;浙江对六大高能耗行业实行差别电价改革和煤电价格联动改革,并在全国率先出台省级层面的生态补偿办法。

明确把加快创新型省份建设作为解决资源要素环境制约的根本途径。2006年3月,浙江召开全省自主创新大会,习近平同志在会上进一步强调,加强科技进步和自主创新,是转变经济增长方式、破解资源环境制约、推动经济社会又快又好发展的根本之计。此后,浙江明确把加快创新型省份建设作为解决资源要素环境制约的根本途径,作为促进产业升级、提高企业和产品竞争力的重要支撑,作为推进科技进步、建设科技强省的核心内容,作为抓住战略机遇期、争取发展主动权的重大战略。在具体发展中,还紧密结合实际,加快构筑以政府为导向、企业为主体、高校和科研院所为依托,产学研紧密结合的开放型区域创新体系。习近平同志还亲自推动成立浙江清华长三角研究院等一批高水平新型科技创新载体,提升区域创新能力。如今,浙江省以新产业、新业态、新模式为主要内容的"三新"经济对经济贡献巨大,信息经济核心产业的总产出增长迅速。全省拥有阿里巴巴、海康威视等世界级互联网企业,数字经济、平台经济、共享经济等新模式不断发展,线上线下融合、跨境电商、社交电商、智慧家庭、智能交通等新业态不断涌现。

"跳出浙江发展浙江",不断提升开放范围和层次,推动对外开放朝着结构优化、深度拓展、效益提高的方向转变。浙江省积极谋划打造世界互联网重地和"一带一路"枢纽,自2014年以来连续承办历届世界互联网大会,2016年成功举办G20杭州峰会,加快推进舟山江海联运服务中心、中国(杭州、宁波)跨境电子商务综合试验区、中国(浙江)自由贸易试验区等重大开放平台建设,大大提升了浙江在世界的影响力和美誉度。

深化"亩均论英雄"改革实践。2006 年,浙江省启动工业用地"招拍挂"改革试点,在全国率先探索开展"亩产效益"评价和资源要素市场化配置改革,把深化"亩产论英雄"改革作为转变发展方式、优化经济结构、转换增长动力的有力抓手,通过企业亩均效益综合评价和资源要素的差别化配置,推动资源要素向优质高效领域集中,不断探索完善"亩均论英雄"的导向、评价、激励、约束机制,加快育优汰劣,有效提高供给体系质量和全要素生产率,让浙江有更多"吃得少、产蛋多、飞得远的俊鸟"。在省委、省政府的强力调度下,浙江省各地纷纷拿出重招,细算资源占用与产出账。有"低、小、散"之困的温州,对不同产业亮出"红黄绿"牌,限制传统产业低端产品的生产,培育和扶持大企业大集团;湖州对全市电镀以及南浔有机玻璃、长兴粉体等行业进行专项整治;嘉兴出台了"两退两进(退低进高、退二进三)"配套措施;绍兴出台"资源占用产出论英雄"等系列政策。"腾笼换鸟"作为"四换三名"促转型升级重要"组合拳"的核心招数和创新驱动发展战略的主抓手,有力重塑浙江的产业结构。

将浙江"腾笼换鸟、凤凰涅槃"的改革经验推广到全国。2014年 3 月,习近平总书记参加十二届全国人大二次会议广东代表团审议,在谈到全面深化改革、促进结构调整时,他又一次提出早在浙江工作时就强调的"腾笼换鸟、凤凰涅槃"重要论述。腾笼不是空笼,要先立后破,还要研究"新鸟"进笼"老鸟"去哪儿?要着力推动产业优化升级,充分发挥创新驱动作用,走绿色发展之路,努力实现"凤凰涅槃"。2015年2月,习近平总书记主持召开中央财经领导小组第九次会议时指出,实施创新驱动发展战略,要增强紧迫感,把更多精力用在研究增强创新能力上,着力破除制约创新驱动发展的体制机制障碍,完善政策和法律法规,创造有利于激发创新活力的体制环境。这更是点出了腾笼所换的"鸟"。2015年3月,习近平总书记在参加十二届全国人大三次会议吉林代表团审议时一针见血地指出,东北老工业基地"工业一柱擎天,结构单一"的"二人转"组合并没有根本改变。他用"加减乘除"形象地为东北老工业基地振兴发展破题。他说:"现在加法多,其他少,亟待补课。这个问题不解决,老工业基地难以凤凰涅槃、腾笼换鸟。"2015年7月,习近平总书记到吉林考察调研,再次以"腾笼换鸟、凤凰涅槃"为东北等老工业基地振兴指明方向。

三、战略深化阶段

经济连续增长40多年的中国,持续增长的动力何在?创造奇迹的密码是什么?从浙江的实践来看,"腾笼换鸟、凤凰涅槃"就是其中的一个重要答案。党的十九大明确判断,我国经济已由高速增长阶段转向高质量发展阶段。针对经济发展的一系列新问题、新矛盾,浙江省进一步加强"腾笼换鸟"工作推进机制,打出了一套转型升级系列组合拳,加快建设实体经济、科技创新、现代金融、人力资源协同发展的产业体系,加快形成质量高、效率优、创新强、体制活、协调性好的具有鲜明浙江特点的现代化经济体系。

着力推动产业转型升级,为"两个高水平"建设奠定坚实基础。习近平同志指出:"提高发展质量和效益,关键是要加快转变经济发展方式、调整经济结构。"加快产业转型升级是推动经济高质量发展的内在要求,也是推进"两个高水平"建设的根本途径。必须把实体经济作为着力点,把提高供给体系质量作为主攻方向,继续推进"腾笼换鸟、凤凰涅槃"。一是加快改造提升传统产业。坚持"三去一降一补",坚决打破拖累转型升级的"坛坛罐罐",淘汰落后产能。加快实施全面改造提升传统制造业行动计划,统筹推进标准强省、质量强省、品牌强省建设,联动推进"互联网＋""智能化＋""标准化＋""文化＋",建设产业创新服务综合体,促进传统动能修复,再创浙江制造新优势。二是深化推进先进制造业与现代服务业"双轮驱动"、融合发展。深入实施"中国制造 2025 浙江行动计划",培育一批千亿级企业,加快打造一批世界级先进制造业集群,推动信息、环保、健康、旅游、时尚、金融、高端装备制造、文化等八大万亿级产业做强做大。提升现代服务业新引擎,促进生产性服务业向专业化和价值链高端提升,推进生活性服务业向便利化精细化品质化提升。三是全面推进市场主体转型升级。引导民营企业推进制度、技术和管理创新,进一步打造"浙商"品牌。深化实施小微企业三年成长计划,深入实施企业上市和并购重组"凤凰行动"计划等,推进小微企业园建设,进一步推动小微企业集聚发展、规范发展、提升发展、绿色发展。

全面实施创新驱动战略,强化现代化经济体系战略支撑。创新是引领发展的第一动力。习近平同志强调指出,如果科技创新搞不上去,发展动力就不可能实现转换。推动浙江省高质量发展,必须紧紧抓住科技创新"牛鼻子",聚焦产业创新主战场,强化现代化经济体系战略支撑。一是加大新经济新动能培育力度。深入实施数字经济"一号工程",争创国家数字经济示范省,推动经济、社会、政府的数字化转型。瞄准科技创新前沿,谋划实施一批重大科技项目,在人工智能、柔性电子、量子通信、集成电路、生物医药、新材料等领域培育一批引领未来的重量级产业。二是完善创业创新生态系统。大力发展科技金融,完善科技服务体系,加快建成一批产业创新服务综合体、制造业创新中心,强化知识产权创造、保护、运用,加快打造"产学研用金、才政介美云"十联动①的创业创新生态系统。三是全面实施高等教育强省战略,大力引进国内外著名高校在浙江办学。培养造就一批具有国际水平的战略科技人才、科技领军人才、青年科技人才和高水平创新团队。

加快推动大平台建设,打造高质量发展的坚实支撑。打造高能级平台是推动高质量发展的有力支撑。一是加快推进产业平台整合提升。规划建设一批集聚高新技术、高端要素的载体,打造一批富有产业特色、人文底蕴和生态禀赋的特色小镇,整合提升产业集聚区、高新区、各类开发区发展水平。二是积极推动科技创新重大平台建设。加快引进和建设一批国内顶尖、世界一流的大院名所和重大科学装置,全力推动之江实验室和若干重大创新载体建设,加快杭州城西科创大走廊、国家自主创新示范区、G60科创走廊等大平台建设,建成"互联网+"世界科技创新高地。三是全力建设高能级开放平台。着力把杭州大江东、宁波杭州湾新区打造成为标志性、战略性大平台,在嘉兴、湖州率先建设高质量外资集聚先行区,在绍兴、台州等地先行建设境外并购回归产业园,积极争取中国(义乌)跨境电商综合试验区建设,合力建设全球电子商务核心功能区。

以"一带一路"为统领,通过高水平开放推动高质量发展。深入贯彻落实习近平总书记关于"一带一路"和"推动形成全面开放

---

① "产学研用金、才政介美云"十联动即:把产业、学术界、科研、成果转化、金融、人才、政策、中介、环境、服务等十方面因素融合提升。

新格局"部署,进一步强化开放强省工作导向。一是全力打造"一带一路"重要枢纽。进一步发挥特色优势,全面增强枢纽功能,到2020年基本建成现代物流枢纽、国际科创合作高地、新型贸易中心、新兴金融中心、国际人文交流基地,在此基础上全面建成"一带一路"重要枢纽。推进舟山江海联运中心和义甬舟大通道建设,推动实现"一带一路"和长江经济带双向贯通、联动发展。二是抓紧谋划自贸试验区2.0版。创造条件,加快推进建设有影响力的国际油品交易中心和国际医疗旅游先行区,加快推动自贸区实现"一区多片"布局,最大限度地提升自贸试验区国际竞争力。积极推进宁波"一带一路"综合试验区建设和义乌"21世纪数字丝绸之路"战略门户建设。三是深入实施优进优出战略。进一步发展服务贸易,加快形成以技术、品牌、质量、服务为核心的外贸竞争新优势。进一步优化外资结构、提高外资质量,加大对有竞争优势企业的引进力度,高标准建设"千人计划"产业园和海外人才离岸创新创业基地,大力引进海外高层次人才。坚持"走出去"和"引进来"相结合,大力培育发展本土跨国公司,鼓励企业到境外收购专利技术、设立研发机构,开展跨国并购重组,建设海外创新孵化中心和产业园。

建立健全推动高质量发展的指标体系、工作体系、政策体系和评价体系,不断完善市场有效、政府有为、企业有利的体制机制。推动高质量发展必须加快建设高质量政府。浙江继续以"最多跑一次"改革为牵引,再创体制机制新优势,激发高质量发展活力。一方面,进一步发挥市场在资源配置中的决定性作用,创新要素资源配置机制,健全资本、技术、土地、能耗、环境容量等主要资源要素市场化配置规则,推动资源向优质企业和产品集中,推动创新要素自由流动和聚集。另一方面,全面深化"亩均论英雄"改革,抓紧制定实施节能节地节水、环境、技术、质量、安全等市场准入标准,依法依规实施用地、用电、用水、用气、排污等资源要素差别化政策;推广"标准地"改革,推行"区域能评＋区块能耗标准""区域环评＋环境标准";加大产权保护力度,进一步激发企业家精神,加快提升劳动力素质;研究制定推动高质量发展的指标、政策、标准、统计、绩效评价和政绩考核等体系,全面提升劳动效率、资本效率、土地效率、资源效率、环境效率和创新效率。

◆◆【案例 1-1】

宁波市将"亩均论英雄"改革进行到底

一、全面建设科学评价体系,做到知根知底

近年来,宁波亩均绩效一直走在浙江省前列。宁波的秘诀,在于全面构建了一套规范化、标准化、流程化、体系化的企业综合评价体系。制定了浙江省首个取数规范文件,将评价规上工业企业的亩均税收、亩均增加值、全员劳动生产率、单位能耗工业增加值、单位排放工业增加值、R&D 经费支出占主营业务收入之比 6 项基本指标分解成 59 项数据,确保评价结果更加科学有效。2018 年,宁波市共完成 2 万家工业企业的取数工作,其中评价企业 17518 家,是浙江省评价企业数量最多的市。除工业企业外,宁波还积极推动产业和区域综合评价。市发改委印发文件,启动了全市服务业的评价;市商务委将亩均税收作为考核指标纳入开发区评价;市科技局对全市 1400 多家高新技术企业开展亩均评价分析;市政府办公厅印发了"标准地"改革方案。结合"最多跑一次"改革,宁波加快推进"亩均论英雄"大数据系统建设,将原来的人工操作变为

自动化、智能化的评价和分析展示,实现从数据采集核实、评价分档到分析展示的智能化流程,全面建立一站式企业综合评价绩效档案。

二、全面优化资源要素配置,实现知行合一

宁波市全面实施"亩均论英雄"改革,激励企业通过"腾笼换鸟""机器换人""管理增效"等亩均效益提升方法寻找发展新路径。"亩均论英雄"综合评价体系在注重"做好评价工作"的同时,更加注重"用好评价结果"。为此,宁波严格设置了评价规则,将综合评价结果分为 A、B、C、D 四档,并向社会公告。按照"支持 A 档企业引领发展、鼓励 B 档企业提升发展、限制 C 档企业外延发展、倒逼 D 档企业提质转型或转移"的原则,实行企业分类管理,探索推进用地、用能、用水、排污、信贷等资源要素差别化配置和价格政策,优化存量资源配置。2018 年前三季度,全市减免 A、B 类企业城镇土地使用税 8476.56 万元,新增 A、B 类企业土地供应 4422 亩,优先支持 A、B 类企业各类财政奖励和补助 7.17 亿元;优先安排 A、B 类企业进行电力直接交易试点,降低企业用电成本 1.1 亿元,有力支撑了全市经济社会持续健康发展。在"亩均"指挥棒的激励下,产业结构优化升级的步伐进一步加快。2018 年,电气机械器材、通用设备、汽车、计算机通信设备、纺织服装行业的 A 类企业占比居前,共有 646 家 A 类企业,成为宁波市经济高质量发展的"排头兵"。从亩均税收指标看,A 类企业达 138 万元,是全市平均水平的 3.4 倍,是 D 类企业的 30 倍,产出效益显著领先。同时,全市炼钢、造纸、化纤、建材等高耗能、高排放行业投资得到明显抑制。

三、全面促进产业争先攀高，推动知难而进

推进产业迈向中高端，提升产业的创新力和竞争力，是"亩均论英雄"改革的根本目的。宁波将强化创新作为引领发展和提升"亩均效益"的根本动力，深入开展国家科技成果转移转化示范区建设，推动人才、项目、成果等创新资源高效配置和市场转化。同时，建立健全企业创新能力评价机制，实施智能化升级工程，加快企业转型升级、提质增效。为提升低效用地"亩产"，宁波全面实施《宁波市推进存量建设用地盘活三年行动计划》，加快促进"批而未供"土地消化利用，妥善推进"供而未用"土地处置利用，深入推进城乡低效用地再开发。对"亩均效益"综合评价好的企业，宁波加大政策支持力度，优先安排重大项目申报、资源要素分配、各类主体创建等，进一步推动企业做强做大。市级各相关部门深入实施"亩均效益"领跑者行动计划，市经信委每年发布全市"亩产英雄500强"榜单和制造业领域分行业的领跑者企业名单，市发改委实施服务业和特色小镇领跑者行动，市商务委实施开发区领跑者行动，引导企业、区域对标先进、补齐短板、加大创新，并把"亩产英雄"和"领跑者"作为政策倾斜对象，支持其推进智能化、创新化、绿色化、品牌化、国际化发展。

案例简析 〉〉〉

作为改革开放前沿阵地，宁波率先遇到了"成长的烦恼"和"转型的阵痛"。宁波的亩均改革始于2010年，2014年开始在全市试行推进"亩产论英雄"改革，历经多年实践和探索，"不以规模定标准，而以亩均论英雄"的共识逐渐形成。"亩均论英雄"改革实际上是"转方式、调结构"的一盘大棋，这场改革旨在通过企业亩均效益综合评价和资源要素的差别化配置，推动资源要素向优质企业和

产业集中,加快"育俊鸟""汰笨鸟",最终促进产业结构的转型升级、提质增效。

(案例来源:谢霞.将"亩均论英雄"改革进行到底[J].宁波通讯,2018(12):19-21.)

◆◆◆【案例 1-2】

金华市婺城区实现低效用地"腾笼换鸟" 打造高能级工业经济发展平台

低效用地盘活整治是金华市婺城区实现高质量发展、拓宽发展空间、扩大有效投资的重要途径。2019 年以来,婺城区以"腾笼换鸟、凤凰涅槃"重要论述为核心,以临江工业园区为试点,开展破僵尸企业、破围墙圈地、破低效用地、破既得利益"四破攻坚"整治行动,向低效用地要空间,向存量空间要动能,实现零地倍增。2019 年共盘活低效用地 3338.66 亩,促成飞扬小镇等一批优质项目落地投产,为金华都市经济发展添砖加瓦。2020 年以来,婺城区先后拍卖莱恩动力、莱恩农装两处地块,出让面积 378.43 亩,拍卖价格 2.94 亿元,计划三年建设投资 10 亿元、年产 15 亿元以上的金华星筑产业园项目。此次地块出让,标志着婺城区进一步优化土地资源配置,工业经济发展平台能级再度提升。

一、挂图作战,从制度层面找效率开关

一是数据入库。组织"四破"专班对临江工业园区内企业及用地情况进行调查摸底。先后筛选出 78 家企业地块信息和亩均税收数据,绘制出工业地图,分类梳理出闲置用地、低效用地、低容积率用地,为针对性"腾笼"打下基础。

二是府院联动。联合区法院建立"僵尸企业"处置府院联动机制,设立 200 万元破产援助资金,重点协调解决法院提交的破产企

业审判涉及的产权瑕疵、债务处理、职工安置、税收优惠、信用修复、企业注销等重点难点问题。如新冠肺炎疫情防控期间,浙江万里扬公司急需场地对吉林新招的 400 名员工进行隔离,婺城区法院在接到消息后迅速联系破产清算中的莱恩动力公司,将其空置中的员工宿舍出租给浙江万里扬公司,实现双赢局面。

三是挂图作战。排出年度"四破攻坚"作战图,将专班任务具体化,时间要求明确化。2019 年全年完成闲置低效土地处置1181.80 亩,超额完成省市下达的拓展工业平台、项目落地"双千"工程任务。2020 年拟计划全年处置土地约 1998 亩,现已盘活884.41 亩。

二、因企施策,从未来层面找发展引擎

一是厂房出租,产出倍增。开展"低散乱"整治、亩均万元以下企业出清工作,鼓励"低散乱"企业通过出租厂房的方式实现"腾笼",81 家亩均税收万元以下企业盘活用地 2156.86 亩。同时根据亩均评价结果,逐一约谈用地 20 亩以上的 90 余家被认定为 D 类企业的规下企业,对其加收 100% 城镇土地使用税,倒逼企业转型,提高地块产出效益。

二是平地升空,容积倍增。临江工业园区企业平均容积率为0.8,对比杭宁温台等地的 1.8～2.0 差距较大。婺城区鼓励企业"向天要地",实现容积率提升。如 43.69 亩的原振华新能源地块原容积率 1.0,泓鑫纸业拍得该地块后,计划通过平房改造将容积率提升至 1.8～2.0,腾出空间引入产业链配套企业,打造以印刷包装为特色的泓鑫科技园。

三是数字改造,效益倍增。遴选技术含量高、前期基础好、发展前景大的企业进行数字化改造,促进企业提质增效。新冠肺炎疫情期间,浙江万里扬公司通过5G＋工业互联网项目实现逆市发展,促进工厂自动化向数字化、智能化转变。2020年一季度,万里扬工业总产值4.948亿元,逆势增长2.28％,利润总额1.346亿元,同比增长837.61％。

三、项目对接,从细节层面找质量指针

一是建立"一企一档",梳理个性导向。建立区招商引资项目数据库,使项目信息实时可见,利于跟踪管理。建立涵盖企业项目特点、闲置原因、自身优势、投资意向、对政府收回的意愿等内容的"一企一档",实现信息动态共享,提高工作效率和精度。

二是设置资质门槛,预防收益偏向。对司法拍卖的地块,在法院拍卖前介入,设置竞买人资质门槛,对项目实施准入审核,筛选符合产业导向、经济效益的项目参与竞拍。

三是凭借优质地块,带动产业风向。改变传统"就项目找地"招商模式,开辟"就地找项目"新办法,实行"主人搬家,房屋招租"的就地转型模式,推动一批优质产业"俊鸟"快速落地。如占地680亩的金马水泥地块,婺城区排摸过程中发现该地块企业认为自己交税较多,希望能重新选择一块小型土地进行置换。婺城区迅速为其完成置换,金马地块则迅速引起物流业巨头关注,目前该地块已引来4家世界500强企业洽谈项目。

案例简析 >>>

金华市婺城区在临江工业区进行"腾笼换鸟、凤凰涅槃"实践,通过淘汰落后产能,最大限度腾出土地、能源、环境空间,集聚发展智能制造、新材料、生物健康、现代服务业等产业,不断提高投资产出效益和节能环保水平,解决临江工业区产业发展中存在的基础设施建设滞后、产业层次不高、亩均效益低下等问题,推动传统制

造业焕发新的生机和活力,推进婺城区打造都市经济创新城,美好生活幸福城的"双城"战略走深走实。

(案例来源:金华市人民政府办公室.婺城区实现低效用地"腾笼换鸟" 打造高能级工业经济发展平台[R].金华政务信息,2020-06-09.)

◆◆ **本章小结**

本章主要讲述了"腾笼换鸟、凤凰涅槃"重要论述在浙江的形成与发展,主要包括理论阐述、发展历程两个小节。

第一节主要介绍了"腾笼换鸟、凤凰涅槃"重要论述,包括论述的提出和理论的优势两个部分。"腾笼换鸟、凤凰涅槃"是在实施"八八战略"的过程中提出来的。"腾笼换鸟、凤凰涅槃"重要论述的提出,不仅具有深厚的实践基础和理论依据,而且还变抽象理论为形象化表达,同时寓意了浙江经济"调结构、转方式"的战略意义和方向路径。

第二节简要阐述了"腾笼换鸟、凤凰涅槃"的论述形成—实践探索—战略深化的发展历程。一是论述形成阶段。2003年7月浙江省委提出了引领浙江发展、推进各项工作的总纲领——"八八战略"。"腾笼换鸟、凤凰涅槃"就是在实施"八八战略"的过程中提出来的。2006年,浙江正式揭开了"腾笼换鸟、凤凰涅槃"的大幕,"腾笼换鸟、凤凰涅槃"的发展理念初步形成。二是实践探索阶段。2002年开始,"腾笼换鸟、凤凰涅槃"的各项工作在浙江全省范围内先行先试,主要包括加快先进制造业基地建设、全力推动淘汰落后产能工作、开展资源要素市场化配置改革、建设创新型省份等系列重要举措。三是战略深化阶段。党的十九大以来,浙江省进一步加强"腾笼换鸟"工作推进机制,深化"腾笼换鸟、凤凰涅槃",着力推动产业转型升级、全面实施创新驱动战略、加快推动大平台建设、高水平开放推动高质量发展、完善市场有效、政府有为、企业有利的体制机制等。

◆◆ 思考题

1.在高质量发展背景下,我们如何赋予"腾笼换鸟、凤凰涅槃"重要论述新的理论内涵?

2."腾笼换鸟、凤凰涅槃"是一个以政府为主导进行产业转型升级的过程,在信息化快速发展、工业快速转型升级的背景下,战略需要深化,更需要从观念上创新,其战略深化和创新的方向有哪些?

3.在实践"腾笼换鸟、凤凰涅槃"重要论述过程中如何处理好地区之间协调发展问题?

◆◆ 拓展阅读

1.习近平.之江新语[M].杭州:浙江人民出版社,2007.

2.波特.国家竞争优势[M].李明轩,邱如美,译.北京:中信出版社,2007.

3.熊彼特.经济发展理论[M].何畏,易家详,译.北京:商务印书馆,1990.

我们在常常感受到"成长的烦恼"和"制约的疼痛"的同时,也切实增强了推进科技进步、提高自主创新能力、提升产业层次、实现"凤凰涅槃"的自觉性和紧迫感。

——摘自习近平同志2005年12月8日在浙江省委常委会务虚会上的讲话

第二章 "腾笼换鸟、凤凰涅槃"重要论述:探索与实践

◆◆ 本章要点

1.农业在推进"腾笼换鸟、凤凰涅槃"中进一步向现代化农业、高效生态农业迈进,农业绿色可持续发展水平稳步提高,"两区"平台建设加快推进,农业科技创新显著增强,农业内涵和外延不断拓展,生活休闲和生态保护等功能日益凸显。

2.浙江在主攻高效生态农业、开展农业"两区"建设、大力推进"科技兴农"、推进"农业+"融合发展等方面探索出一系列突出做法。同时,也涌现出了以慈溪"接二连三"、安吉"农旅融合"、丽水"农业三化"等为代表的一批典型模式。

3.工业领域是浙江深刻践行"腾笼换鸟、凤凰涅槃"重要论述的重要领域,目前已实现"五个转变",即结构调整上实现从传统产业向新兴产业主导转变、增长动力上实现由要素投资驱动向创新驱动转变、发展模式上实现由外延粗放式向绿色生态式转变、形态变迁上实现由块状经济向现代产业集群转变、资源配置上实现由

"单一两头在外"向全球竞合转变。

4.浙江为了推动工业"腾笼换鸟",主要在要素集约利用、科技创新发展、产业结构升级、企业培育加码、发展方式升级、平台整合提升、深化改革开放七个方面探索实践出一系列突出做法。同时,也涌现出了以新昌"数字赋能"、柯桥"腾换并举"、湖州"绿色智造"等为代表的一批典型模式。

5.目前浙江服务业领域在"腾笼换鸟、凤凰涅槃"中实现高质量发展。总体上已进入加速发展阶段,内部结构不断优化,平台经济、分享经济、体验经济、创意经济等新业态新模式快速发展,服务业集聚示范区等支撑平台建设稳步推进,服务贸易发展水平居全国前列。

6.浙江服务业在"亩产效益"评价、打造现代服务业集聚示范区、推动服务业创新融合发展、促进服务业高水平"走出去"等方面探索实践出一系列突出做法,并形成了以义乌"电商换市"、宁波"借港出海"、杭州"退二进三"等为代表的典型模式。

第一节　农业领域的蜕变

一、实践成效:擦亮现代农业"名片"

(一)农业综合实力稳步增长

从20世纪80年代的"粮经并举"到1998年的"什么来钱种什么",再到现在的"现代化农业",浙江始终高度重视农业生产工作,实施高效、生态农业发展战略,积极推动农业生产方式转变,加快经营体制机制创新,不断深化农业结构调整,全省农业经济总体呈现稳中有升、稳中有进的发展态势。2018年,全省农林牧渔业①实现总产值 3157.3 亿元②,增加值首次突破 2000 亿元大关,达 2017.9 亿元,同比增长 1.9％,以占全国 1.3％的耕地贡献全国 3％的农业增加值③(见图 2-1)。效益农业稳步发展,已累计建成高标准农田 1756 万亩,完成率 88％④,粮食单位面积产量 6140.4 公斤/公顷(409.4 公斤/亩),同比增长 3.4％,茶叶、蚕茧、食用菌、蜂

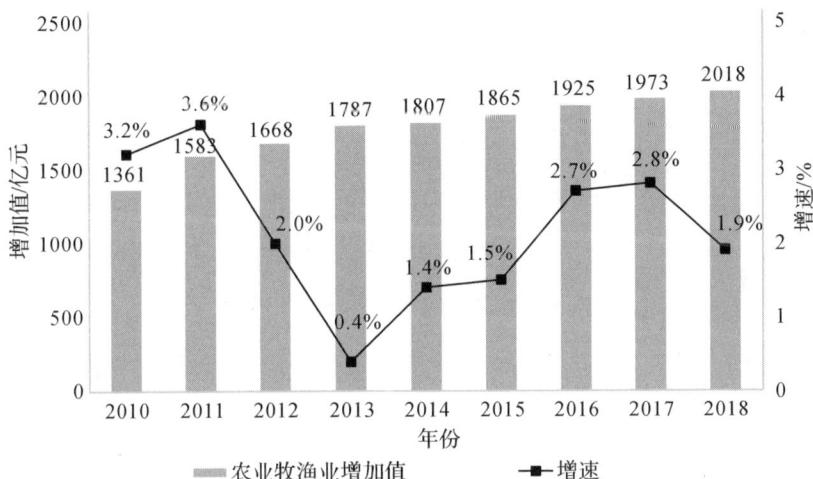

图 2-1 2010—2018 年浙江省农林牧渔业增加值及增速情况

(注:数据来自浙江历年统计年鉴)

---

① 农业有广义、狭义之分,广义农业指农林牧渔业,包括种植业、林业、畜牧业、渔业、副业五种产业形式;狭义农业指种植业,包括生产粮食作物、经济作物、饲料作物和绿肥等农作物的生产活动。本文中"农业"主要指广义农业。

② 本段数据均出自:浙江省统计局. 2019 年浙江统计年鉴[EB/OL]. (2020-01-21)[2020-05-21]. http://zjjcmspublic. oss-cn-hangzhou-zwynet-d01-a. internet. cloud. zj. gov. cn/jcms_files/jcms1/web3077/site/flash/tjj/Reports1/2019％E5％B9％B4％E7％BB％9F％E8％AE％A1％E5％B9％B4％E9％89％B4％E5％85％89％E7％9B％9820200121_2146/indexch. htm.

③ 栾相科,富庆熙.浙江乡村振兴瞄准产业兴旺设施牢靠农民幸福[N/OL].中国经济导报,2018-03-06[2020-05-21]. http://www. ceh. com. cn/ep_m/ceh/html/2018/03/06/06/06_51. htm.

④ 许雅文.全力以赴推进高标准农田建设[N/OL].浙江日报,2019-11-13[2020-05-21]. http://zjrb. zjol. com. cn/html/2019-11/13/content_3284010. htm? div＝－1.

产品、花卉苗木等产业规模均居全国前列,完成水产品总产量 611
万吨,增长 2.8%,国内海洋捕捞和远洋渔业产量均居全国首位。
现代农业建设成效显著,2017 年全省农业现代化发展水平综合得
分 85.09 分①,农业产出水平、要素投入水平和可持续发展水平三
个子系统评价得分稳步提升,进入基本实现农业现代化阶段。

(二)绿色农业发展成效显著

浙江全省上下始终坚定高效生态的现代农业发展方向不动
摇,走"绿水青山就是金山银山"的农业绿色发展道路,基本形成农
业绿色可持续发展的现实基础。2018 年,浙江化肥和农药使用量
分别比 2010 年下降 15.6% 和 32.9%,较全国早 9 年实现"零增
长"②(见图 2-2);率先全面建设粪污治理设施,畜禽粪污资源化利
用率达到 88%,高出全国 16 个百分点,病死猪无害化处理率达
90% 以上;秸秆肥料化、饲料化等"五化"利用率达 93%,高出全国
10 个百分点;农药废弃包装物回收处置率达 95.4%,限用农药全
面退市③。生态循环农业建设成效显著,现代生态循环农业试点
省、海洋渔业可持续发展试点省、农产品质量安全示范省、畜牧业
绿色发展示范省等国字号试点示范先后在浙江落地生根、开花结
果。2017 年,更获评全国唯一整省推进的国家农业可持续发展试

①　嘉兴在线.浙江省 2017 年度农业现代化发展水平综合评价报告"出炉"! 嘉兴综合得分超过 85 分[EB/OL].(2018-10-23)[2020-05-21].https://www.sohu.com/a/270644259_120806.

②　浙江省统计局.2019 年浙江统计年鉴[EB/OL].(2020-01-21)[2020-05-21].http://zjjcmspub-lic.oss-cn-hangzhou-zwynet-d01-a.internet.cloud.zj.gov.cn/jcms_files/jcms1/web3077/site/flash/tjj/Reports1/2019%E5%B9%B4%E7%BB%9F%E8%AE%A1%E5%B9%B4%E9%89%B4%E5%85%89%E7%9B%9820200121_2146/indexch.htm.

③　农业农村部.浙江省全域打造农业绿色发展的综合样板[EB/OL].(2019-03-04)[2020-08-19].https://www.jhs.moa.gov.cn/lsfz/201905/t20190510_6303346.htm.

验示范区和首批农业绿色发展试点先行区。

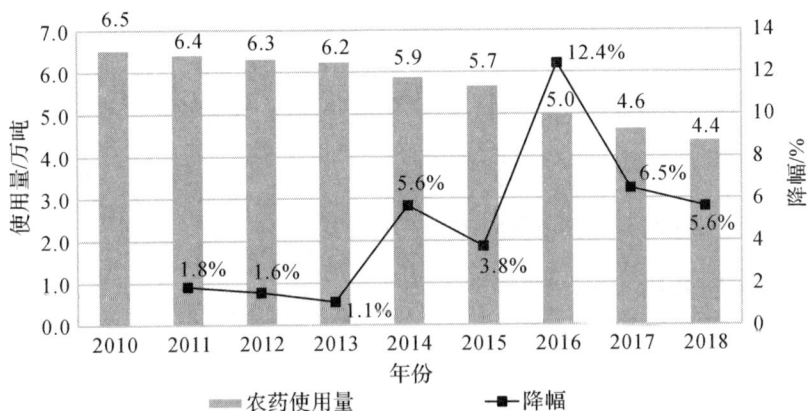

图 2-2　2010—2018 年浙江省农药使用量情况

(注:数据来自浙江历年统计年鉴)

(三)"两区"平台建设加快推进

自 2010 年浙江做出推进"两区^①"建设的决策部署、2015 年提出全力打造"两区"升级版"一区一镇^②"以来,全省"两区"发展成效显著,资源加速集约集聚,农业规模化、高效化发展成果凸显,已成为浙江发展现代农业的主抓手、主平台和主战场。至 2018 年末,全省累计建成粮食生产功能区 10172 个,面积 819 万亩,比 2012 年分别增长 1.8 倍和 1.3 倍;累计建成现代农业园区 818 个,总面

---

① 两区:指"粮食生产功能区""现代农业园区"。粮食生产功能区指着力保障粮食安全,在开展多年的"标准农田质量提升工程"基础之上,更注重集中规模生产、基础配套设施的提升。现代农业园区指主攻高产高效,依托前期培植的一大批各具特色的产业带与产业群,运用市场经济理念和现代管理方式,打造产业布局更为集聚、产业链条更为完善的现代园区。

② 一区一镇:指"农业产业集聚区""现代特色农业强镇"。农业产业集聚区指以农业产业为基础,以全产业链发展为主线,以龙头企业和产地市场为核心,通过集聚资源要素、推进适度规模经营,加快发展农产品加工、流通业,促进产业集聚、价值提升、利益共享,提升产业发展层次、市场竞争能力和辐射带动水平。

积 516.5 万亩,其中现代农业综合区 107 个,主导产业示范区 200
个,特色农业精品园 511 个,省级现代农业园区 48 个、特色农业强
镇① 85 个,"两区"土地产出率、资源利用率、劳动生产率明显提高,
单位面积比周边同类产区高 20％以上,农民收入增加 10％以上。②
粮食生产功能区建设经验连续 4 年写入中央 1 号文件在全国推
广,现代农业园区、特色农业强镇建设为国家现代农业产业园、产
业强镇建设提供直接借鉴。

(四)农业科技创新显著增强

近年来,浙江以组织实施重大科技专项行动、科技富民强县专
项行动、科技特派员基层创业行动、农业科技成果转化及产业化、
新农村建设科技示范等为抓手,深入实施科技兴农战略,不断强化
农科教、产学研大协作、大联合,农业科技创新显著增强。2017 年
全省农业科技贡献率达 63％,居全国前列,被评为"农业重大技术
协同推广计划试点省份"。农业科技服务团队日益健全,全省已设
有粮油、蔬菜、茶叶、果品、畜牧、水产、花卉、蚕桑、食用菌和中药材
等十大产业技术创新与推广服务团队,下设 35 个产品组,共有专家
517 人,③每年由浙江农林大学承担定向培养一批基层农技人员,进
一步优化基层农技队伍结构。农业创新成果日益丰富,育成了"甬

---

① 特色农业强镇:以地方特色产业为基础,以农旅融合发展为主线,依托生态资源优
势和历史文化内涵,通过开发农业多功能,加快发展休闲、创意农业,促进生产、消费、体验
互动,实现"三生"(生产、生活、生态)有机融合和"三农"(农村、农业、农民)统筹发展。

② 国家统计局浙江调查总队.改革开放四十年　浙江农业谱新篇[EB/OL].(2018-
10-26)[2020-05-21].http://www.zjso.gov.cn/zwgk/xxgkml/tjxx/tjfx/tjdcfx/201810/
t20181026_90657.html.

③ 浙江省农业农村厅.浙江省农业农村厅关于公布浙江省第二届农业产业技术创
新与推广服务团队名单的通知[EB/OL].(2019-07-15)[2020-05-21].http://www.
zjagri.gov.cn/art/2019/7/15/art_1589297_35648473.html.

优"系列、"浙油"系列等优良品种,有 16 个水稻品种被农业部认定
为超级稻,单季稻攻关田亩产破千公斤,早稻单产连续多年居全国
第一,5 个畜禽品种被审定为国家畜禽新品种。

(五)农业多项功能不断拓展

浙江农业在综合生产能力稳步提升的同时,其内涵和外延也
不断拓展,农业在发挥提供农产品的基本生产功能的同时,生活休
闲和生态保护功能也日益凸显,休闲观光农业、乡村旅游农业、"互
联网+"农业等新产业新业态蓬勃发展,引领农村一、二、三产业融
合发展。2018 年,全省累计被认定为全国休闲农业与乡村旅游示
范县 24 个、中国重要农业文化遗产 8 个、中国美丽休闲乡村 36
个,建成农家乐休闲旅游特色村(民宿集聚村)1162 个、农家乐特色
点(农庄)2100 个,农家乐经营户 2.2 万户,直接从业人员 16.9 万
人,带动就业超 100 万人[①]。智慧农业加速拓展,先后实施百万农
民信箱、万村联网、现代农业地理信息、农业物联网、智慧农业云平
台、农产品质量追溯、农资产品监管等工程,加速"互联网+"与农
业生产、经营、服务、管理相融合。农业电商发展态势良好,2017 年
全省实现农产品网络零售 506.2 亿元,同比增长 27.8%,拥有活跃
的涉农网店近 2 万家[②]。

---

① 浙江省统计局,国家统计局浙江调查总队.2018 年浙江省国民经济和社会发展
统计公报[EB/OL].(2019-02-28)[2020-05-21].http://www.zj.gov.cn/art/2019/2/28/
art_1554031_305675-34.html.

② 浙江省统计局."三农"发展新篇章 乡村振兴新征程——改革开放 40 年系列报
告之五[EB/OL].(2018-11-19)[2020-05-22].http://tjj.zj.gov.cn/art/2018/11/19/art_
1562012_25890997.html.

二、路径探索:激发农业经济新活力

(一)主攻"高效生态农业①",培育农业新优势

　　推动经济结构战略性调整和增长方式根本性转变,是"腾笼换鸟、凤凰涅槃"的根本目的。浙江人多地少、农业资源紧缺、人均耕地资源不足半亩,再加上生态约束日益趋紧,依靠传统资源消耗和物质投入的粗放型传统农业生产经营方式难以为继,亟待培育农业新优势,实现"涅槃重生"。

　　早在 2003 年,习近平同志就在分析浙江资源禀赋、经济发展水平和农业发展新形势的基础上,前瞻性地指出要"充分发挥我省的比较优势,把发展高效生态农业作为效益农业的主攻方向"②。十多年来,浙江始终把"高效""生态"作为农业发展主攻方向,大力推动粗放型传统农业向高附加值、资源节约型的高效生态农业转型升级。

　　一是强化顶层设计。先后制定出台《浙江省现代生态循环农业发展"十三五"规划》(浙农计发〔2016〕17 号)、《浙江省现代农业发展"十三五"规划》(浙发改规划〔2016〕424 号)、《浙江省乡村振兴战略规划(2018—2022 年)》《浙江省区域农产品发展规划》《全面实施乡村振兴战略高水平推进农业农村现代化行动计划(2018—2022 年)》等系列规划文件,全面落实高效生态农业发展的各项政

---

　　① 高效生态农业:以绿色消费需求为导向,以农业工业化和经济生态化理念为指导,以提高农业市场竞争力和可持续发展能力为核心,深入推进农业结构的战略性调整,大力发展高效生态农业——摘自《之江新语》。

　　② 浙江省中国特色社会主义理论体系研究中心.习近平新时代中国特色社会主义思想在浙江的萌发与实践——"三农"篇从"千万工程"到乡村振兴战略[EB/OL].(2018-07-21)[2020-05-22].http://zjnews.zjol.com.cn/zjnews/zjxw/201807/t20180721_7830662.shtml.

策举措。二是大力发展现代生态循环农业。抢抓全国唯一的现代生态循环农业试点省建设机遇,打好畜牧业转型升级、化肥农药减量增效行动、渔业转型促治水行动、海洋渔业"一打三整治"、粮食生产功能区和现代农业园区"两区"土壤污染防治等农业生态建设"组合拳",着力构筑"主体小循环、园区中循环、县域大循环"三级现代生态循环农业发展格局,全面淘汰农业落后产能,转变无节制消耗资源、破坏环境生产经营方式,实现浙江农业新发展。三是全域推进农业绿色发展。以实施乡村振兴战略为统领,结合"千村示范、万村整治""五水共治""四边三化"重大行动,大力发展绿色产业、推行绿色生产、加快应用绿色技术、着力培育绿色主体、开发绿色产品、打造绿色田园"六个绿色",全域推进农业绿色发展。

(二)开展农业"两区"建设,实现资源新集聚

打造高能级园区平台是推进"腾笼换鸟、凤凰涅槃"的重要载体。针对农业存在的产业布局散、经营规模小、比较效益低、耕地资源制约等问题,浙江以"两区"建设为抓手,参考工业园区建设模式,将资金、项目、科技、服务等要素资源向"两区"整合集聚,"旧笼"换"新笼",在实现"寸土"资源集聚高效利用的同时推动农业规模化、产业化发展。

一是强化领导,着力于项目组织实施。浙江11个地市均建立由市政府领导为组长,相关部门负责人为成员的"两区"建设协调(或领导)小组,每个现代农业综合区都成立了政府领导、专家和农技人员相结合的实施工作指导小组。与此同时,各市还建立党政领导联系"两区"工作制度。如金华市17个现代农业综合区分别由1位市领导联系,绍兴市每位市领导均联系1个现代农业园区。二是凝聚合力,着力于集聚要素资源。根据"渠道不乱、用途不变、优势互补、各记其功、形成合力"原则,统筹各类资金,特别是农口部门的现代农业发展、中低产田改造、小型农田水利建设、节水灌溉、科技成果转化、循环经济发展等项目资金,70%以上用于"两区"建设,农田水利和农业综合开发资金优先用于"两区"建设。此外,浙江各地也出台农业"两区"建设扶持政策,如宁波粮食生产功能区标准化建设给予每亩 1000 元补助;温州每年统筹 5000 万元用于农业"两区"建设。三是创新机制,着力于培育新型建设主体。借鉴工业管理理念,通过成立园区管委会、组建国有投资公司等组织开展创建"两区"工作。如三门六敖、嘉兴湘家荡等省级综合区专门成立园区建设管委会负责园区创建工作。通过招商引资等方式,鼓励与支持农业龙头企业、农民专业合作社、家庭农场、种养大户及工商资本等参与"两区"建设,如宁波慈溪引入世界 500 强企业泰国正大集团等5 家国内外大型农业企业落户,共同打造国家级现代农业产业园。

(三)大力推进"科技兴农",着力增强新动能

依靠科技进步推动经济增长方式转变是"腾笼换鸟、凤凰涅槃"的基本路径。浙江大力推进"科技兴农",从源头上改变农业效益低、层次低、附加值低等问题,增强农业发展新动力,推动农业"脱胎换骨"。

一是建立农业产业技术创新与推广服务团队。围绕农业战略产业发展需要,浙江建立了以省、市、县(市、区)、科研、教学推广单位专家为主的农业产业技术创新与推广服务团队,重点开展"卡脖子"关键共性技术应用攻关,积极推广农业新品种、新技术、新模式。截至 2018 年 6 月,全省已设有粮油、蔬菜、茶叶等十大产业425 个技术团队[①],并取得了系列攻关成果,如粮油产业技术团队

---

① 芦苇. 浙江列为全国农业试点单位[EB/OL]. (2018-06-22)[2020-05-22]. https://www.nlmy.com.cn/article/us0vtw.html.

攻克育供秧难题,实现早稻"中早 39"、杂交稻"甬优 12"百亩示范方最高田亩产 747.9、1024.1 公斤,分别打破早稻、单季杂交晚稻浙江农业之最高产纪录①。二是大力推进农业机械化、设施化、智能化应用。为深入实施农业领域"机器换人",浙江省人民政府办公厅出台《关于加快推进农业领域"机器换人"的意见》(浙政办发〔2016〕19 号),加快先进适用农业技术装备推广应用,进一步提高农业装备覆盖率、渗透率,推动传统农业生产经营方式新转变。2018 年全省农业机械总动力 2009.33 万千瓦,其中耕作机械动力 234.61 万千瓦,新增各类农业机械装备 70 万余台(套),农作物机械耕种面积、收获面积分别达 1351.82、768.53 千公顷,机械自动化水平显著提升②。三是创新农业科技体制机制。创新改革技术推广方式,全面推行科技特派员制度、责任农技员制度、农业科技人员激励机制,着力形成"产业＋科技团队＋项目＋基地"的现代农技推广服务体系,促进科技与生产、集成与示范、培训与推广紧密结合。浙江省委、省政府每五年召开一次全省农业科技大会、出台一个专门政策推动农业科技创新。

(四)推进"农业＋"融合发展,丰富农业新业态

通过对现有产业优化提升,换来新产业、新增长方式,让有限资源发挥效益更大化是"腾笼换鸟、凤凰涅槃"的深刻内涵。浙江

---

① 曹文君. 浙江发布农业科技创新与推广工作成绩 10 大产业技术团队亮相[EB/OL]. (2019-08-30)[2020-05-22]. http://zj. cnr. cn/zjyw/20190830/t201908-30_524756288. shtml.

② 浙江省统计局. 2019 年浙江统计年鉴[EB/OL]. (2020-01-21)[2020-05-22]. http://zjjcmspu-blic. oss-cn-hangzhou-zwynet-d01-a. internet. cloud. zj. gov. cn/jcms_files/jcms1/web3077/site/flash/tjj/Reports1/2019％E5％B9％B4％E7％BB％9F％E8％AE％A1％E5％B9％B4％E9％89％B4％E5％85％89％E7％9B％9820200121_2146/indexch. htm.

省充分利用产业基础、生态环境、历史文化等优势,以农业融合化、多功能化来延伸产业链条,推进产业结构全面优化调整,在破解农业不高效等难题的同时不断催生农业新业态、新功能,实现助农增收。

一是做强"美丽经济"。充分利用美丽乡村建设带来的优美环境和商机,不断推进农业与旅游业、健康、教育、文化等产业的深度融合,用"风景"换"产业",大力发展休闲农业、养生农业、创意农业、庄园经济等"美丽产业",推动农业产加销一体化、一二三产融合发展。2017年,全省农业休闲观光旅游产值达290余亿元,是2010年的3.4倍,年均增幅达16.4%以上,累计创建24个国家级休闲农业和乡村旅游示范县、23个省级示范县,22个中国美丽休闲乡村、19个中国美丽田园,启动培育美丽乡村精品村399个、美丽乡村风景线72条。二是大力发展"互联网+农业"。借助新一代物联网、大数据、3S等信息化技术,引导各地发展智慧农业、精准农业,搭建智慧农业云平台、农产品质量安全追溯平台、现代农业地理信息系统等互联网平台,实现农业生产方式自动化、智能化,质量安全追溯化、精准化。发挥全省电子商务的先发优势,实施"电子商务进万村工程",搭建"淘宝特色馆"等农产品销售平台,推进农产品电子商务发展,拓展农产品销售新渠道、新模式。

◆◆【案例2-1】

慈溪市"接二连三",创新现代化农业发展新方式

一是开展"工厂化种植生产"。坚持以工业化、标准化的理念加快建设现代农业产业园,在规模化种养基础上,通过"生产+加工+科技",聚集引进先进设备、智能车间等现代化生产要素,促进

农业生产、加工、物流、研发等相互融合,实现"工业化生产"。如慈溪正大蛋业有限公司采用工业化养殖模式,使用 FACOO 全自动化养殖、SANOVO 全自动蛋品分级等先进设备,给水、喂料、收蛋、除粪、鸡舍环境温湿度控制、鸡蛋清洗、紫外线消毒、裂纹蛋检测等数十道工序均程序化、自动化运转,形成从饲料原料到蛋鸡养殖、从鲜蛋分级包装到蛋品深加工"工业化生产"布局,项目产量高,日产鸡蛋 70 万枚,年产鸡蛋约 2 亿枚。

二是加速推进农旅结合。建设集农业生产、观光采摘、文化创意、旅游度假、教育培训于一体的东部水蜜桃、南部杨梅、西部蜜梨、北部葡萄四大休闲观光基地以及梨文化公园、梨文化博物馆、葡萄品种园等近十个大型农业综合体,全力打造"农业生态旅游"慈溪样本。2018 年,全市实现休闲农业产值 7.5 亿元,直接带动农副产品销售 2.5 亿元以上,促进农民增收 2 亿余元①。

三是创新农业营销模式。建立"龙头企业＋合作社＋基地＋农户"等利益联结机制,积极推行"农超对接"、直营配送等新型营销模式,全市累计实现农超对接面积 12 万亩、订单农业面积 31 万亩②。推进农业"电商换市",拓展营销渠道,早在 2016 年慈溪农业电商销售超亿元,农业龙头企业带动慈溪市内外农户 30 万户③。

---

① 慈视关注. 慈溪:农旅融合催生乡村美丽经济 一起去看看……[EB/OL]. (2018-09-11)[2020-07-06]. https://www.sohu.com/a/253435823_685341.

② 宁波市发展改革委. 慈溪:为促进乡村产业兴旺打造浙江范例[EB/OL]. (2019-04-23)[2020-07-06]. https://www.ndrc.gov.cn/fggz/nyncjj/xczx/201904/t20190423_1111703.html.

③ 项一嵌,邵滢,方迪灿. "加减乘除"撬动慈溪农业供给侧改革[N/OL]. 宁波日报,2017-03-30[2020-07-06]. http://daily.cnnb.com.cn/nbrb/html/2017/03/30/content_1041725.htm? div=-1.

案例简析 >>>

　　人多地少、工业发达的慈溪市在发展现代化农业上并不占先天优势的情况下，敢于"第一个吃螃蟹"，敢闯新路子，创新发展农业第六次产业①，推动农业与"接二连三"交叉融合，拓展产业链，提高价值链，实现从"一株棉花一株稻"向"效益农业标杆"的"华丽蜕变"。2018年慈溪农林牧渔业实现总产值78.3亿元，增加值53.9亿元，同比增长2.3%，农民人均可支配收入34927元，增长8.8%②，在全国率先基本实现农业现代化，被评为国家现代农业示范区、全国蔬菜产业发展重点县市、国家级出口蔬菜质量安全示范区，现代农业发展综合水平居全国第一方阵。

◆◆【案例2-2】

安吉县"农旅融合"，催生"绿水青山"的美丽新经济

　　一是完善政策机制，注入休闲观光农业发展动力。强化顶层设计，先后出台《安吉县休闲旅游业规划(2011—2020)》《安吉县休闲农业与乡村旅游规划》《安吉县乡村旅游发展专项规划》，打造"一环四带六区"休闲观光农业总布局③。强化政策支持，每年安排休闲观光农业专项资金，对基础设施健全、经营特色明显、带动能力较强、运作经营规范的农业休闲观光项目采取以奖代补形式予以支持。

　　二是做优特色产业，增强休闲观光农业实力。依托安吉白茶、

---

　　① 第六次产业：指第一、第二、第三产业的乘积，意在强调农村一二三产业的融合发展，基于产业链延伸和产业范围拓展，推进农村一二三产业之间的整合和链接。

　　② 慈溪市统计局.2018年慈溪市国民经济和社会发展统计公报[EB/OL].(2019-02-01)[2020-08-19].http://www.cixi.gov.cn/art/2019/2/1/art_1229036442_102908.html.

　　③ 沈洁，俞莹.安吉：村村好山水　带来好收成[N/OL].浙江日报，2019-03-29[2020-07-06].http://zjrb.zjol.com.cn/html/2017-04/11/content_3046911.htm? div=-1.

竹笋、山地蔬菜等丰富的农业资源,建设现代农业园区,拓展园区生态、休闲、观光和文化等功能,使它们逐步发展成休闲观光园区,在做优特色传统农产品的同时,实现一产向三产的跨越融合。如"港口大毛竹基地"建成"中国大竹海"景点,安吉竹子科研科普基地竹种园建成"中国竹子博览园"、成为国家4A级景区等。

三是开发多元功能,提升休闲观光农业活力。结合农业教育,在中南百草园等休闲观光景区建立青少年教育基地和农村劳动力培训基地,开展生物、环保等知识和技能普及培训。根据时令季节的变化,在各休闲观光农业景区开辟不同的农事活动,积极引导游人参与农事活动,实现互动,增加趣味性。推出"吃农家饭、住农家屋、干农家活、享农家乐"的特色旅游,体验农家生活。

案例简析 >>>

安吉县立足生态、人文等资源优势,多措并举推进"农旅结合、以农促旅、以旅强农",不断催生"美丽经济",推动农业从单一业态向综合产业转变,成为全国首个"休闲农业与乡村旅游示范县"。2018年安吉县休闲农业游客总数达2504万人次,实现总收入324.7亿元,农民人均可支配收入达30541元,同比增长9.5%,增幅居湖州市第二[①]。

◆◆【案例2-3】

丽水市"农业三化",开辟山区城市农业发展新模式

一是坚持标准化生产,保障产品安全供给。出台《丽水市农产品质量安全追溯体系建设的实施意见》(丽政办发〔2014〕126号)等

---

① 生态环境部. 美丽中国先锋榜3|浙江安吉县践行"两山"理念的生态文明建设之路[EB/OL]. (2019-08-22)[2020-08-19]. https://www.ce.cn/cysc/stwm/gd/201908/22/t20190822_32979470.shtml.

系列制度,建立涵盖农产品质量安全追溯平台、电商平台、农业数据中心等"壹生态"生态精品农业信息化服务系统,加大对农产品质量安全的管控。组织推广从源头开始的标准化生产,开展"三品一标"农产品认证、主导产业全程标准化示范创建,全面提升农产品质量安全水平。

二是坚持品牌化经营,实现产品优质优价。创建国内首个地级市农产品区域公用品牌——"丽水山耕",面向丽水市所有符合条件的优质农产品,以政府自身公信力作后盾,采用"母品牌+子品牌"的方式形成区域合力,着力提升丽水农产品附加值、知名度和市场竞争力,拉动农民溢价增收。至 2018 年底,"丽水山耕"加盟的会员企业达到 863 家,建设"丽水山耕"合作基地 1122 个,累计销售额达 135.2 亿元,产品平均溢价率 30% 以上,2017 年品牌评估价值达 26.59 亿元,2018 年以 96.76 的品牌指数摘得"区域农业形象品牌影响力"桂冠[①]。

三是坚持电商化营销,借力"互联网+"振翅飞。抢抓"互联网+"发展机遇,搭建丽水生态精品农产品网、淘宝丽水特色馆、农产品电子现货交易平台、农村农产品电子商务网店等"线上平台"。同时,借助"渤商所"平台,推动庆元香菇、松阳香茶、遂昌竹炭、龙泉黑木耳等 8 个产品上市交易,促进丽水农产品从传统市场走向网络市场,从零散销售走向集群交易,大幅提升市场占有率和核心竞争力。2018 年 1—11 月,丽水已分别在淘宝网、阿里巴巴产业带、京东网等平台上建设了 13 个各类特色馆、产业带,培育电商专业村 36 个,电商镇 3 个,开设各类网店 10000 余家,累计实现农村

---

① 陈潇奕."丽水山耕"布局长三角[N/OL].浙江日报,2019-03-28[2020-07-06]. http://zjrb.zjol.com.cn/html/2019-03/28/content_3215551.htm? div=—1.

电子商务销售额 206.7 亿元,其中农特产品网上销售额 110.1 亿元,同比增长 34.1%。①

案例简析 >>>

丽水市依托"九山半水半分田"的山水生态优势,深度挖掘山区价值,以"标准化生产、品牌化经营、电商化营销"的"农业三化"为主轴,开辟出了山区城市发展高效生态农业的新模式。2018 年丽水实现农林牧渔业增加值 94.8 亿元,同比增长 3.1%,农民人均可支配收入 19922 元,同比增长 10.2%,增幅连续 9 年居全省第一②。

(以上案例来源:由浙江省工信院根据网络公开资料自行整理。)

第二节 工业领域的转型

一、实践成效:厚植浙江工业"优势"

(一)结构调整上:从传统产业向新兴产业主导转变

"腾笼换鸟"根本目的是加快推动结构调整、实现经济增长方式根本性转变。十余年来,浙江加快传统产业改造提升、发展战略新兴产业、以数字经济引领工业结构性变革,推动全省工业从劳动密集型向技术密集型主导转变,从低端为主向高技术、高附加值为

---

① 丽水市商务局. 丽水市 36 个行政村获 2018 年浙江省电商专业村、3 个镇获电商镇称号[EB/OL]. (2018-12-25)[2020-07-06]. http://zcom. zj. gov. cn/art/2018/12/25/art_1384592_28373131. html.

② 浙江省统计局. 2019 年浙江统计年鉴[EB/OL]. (2020-01-21)[2020-07-06]. http://zjjcmspub-lic. oss-cn-hangzhou-zwynet-d01-a. internet. cloud. zj. gov. cn/jcms_files/jcms1/web3077/site/flash/tjj/Reports1/2019%E5%B9%B4%E7%BB%9F%E8%AE%A1%E5%B9%B4%E9%89%B4%E5%85%89%E7%9B%9820200121_2146/indexch. htm.

主转变,就是这样一个结构转换、结构升级的过程,在这种"腾"和"换"的过程中体现浙江产业与经济的"凤凰涅槃"。传统劳动密集型行业主导地位被取代。浙江劳动密集型产业主导地位在 2002 年就被技术密集型产业首次超过,到 2017 年占比下降到 24.9%, 与技术密集型(48.6%)、资金密集型产业(26.5%)差距不断扩大 (见图 2-3)。与 2008 年相比,2018 年全省纺织、服装、皮革三大传统产业比重分别下降了 4.8、0.6 和 1.1 个百分点,电气机械制造业产值超过纺织业、跃居第一,化学原料和化学制品制造业、汽车制造业分别成为第二、第三大主导行业[①](见表 2-1)。

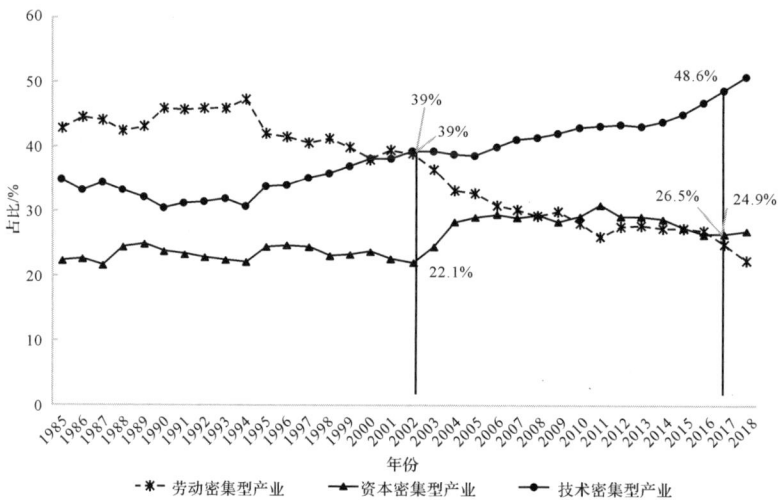

图 2-3　1985—2018 年浙江省制造业内部结构演变过程

(注:数据来自浙江历年统计年鉴)

---

　　①　本段落所有原始数据均来自于浙江省历年统计年鉴,由省工信院通过整理计算所得。

表 2-1　2008 年和 2018 年浙江省产业规模前十行业变化情况比较

排名	2008 年		2018 年	
	行业名称	产值占比	行业名称	产值占比
1	纺织业	11.0%	电气机械和器材制造业	9.6%
2	电气机械和器材制造业	9.0%	化学原料和化学制品制造业	8.8%
3	通用设备制造业	7.3%	汽车制造业	7.5%
4	化学原料和化学制品制造业	6.5%	通用设备制造业	6.7%
5	汽车制造业	6.4%	计算机、通信和其他电子设备制造业	6.3%
6	橡胶和塑料制品业	4.6%	纺织业	6.2%
7	金属制品业	4.3%	金属制品业	4.0%
8	计算机、通信和其他电子设备制造业	4.2%	非金属矿物制品业	3.8%
9	黑色金属冶炼和压延加工业	4.0%	化学纤维制造业	3.7%
10	化学纤维制造业	3.8%	橡胶和塑料制品业	3.6%

（注：数据均来自浙江省历年统计年鉴）

在"腾笼"释放产业发展各类要素空间的同时，浙江注重"换鸟"提质。战略性新兴产业发展成为全省产业结构调整的突破口，2018 年浙江高新技术产业实现增加值 7543 亿元，占规上工业的比重较 2013 年提高 17.7 个百分点，装备制造业、战略性新兴产业增加值占比较 2013 年提高 6.7 个和 5.5 个百分点，成为浙江最靓丽的风景线[①]。数字经济成为浙江推进高质量发展的新引擎，跑出了加速度。浙江数字经济总量从 2014 年的 1 万多亿元增长至 2018 年的 2.3 万亿元，数字经济占 GDP 比重从不足 27.3% 上升至 41.5%。如在数字安防领域，经过 10 多年的发展，浙江已经成为全球重要的先进制造业基地。同时，八大高耗能行业比重从 2013

---

① 本段落原始数据均来自于 2018 年和 2013 年浙江省国民经济和社会发展统计公报，由省工信院通过整理计算所得。

年的 36.6％下降到 33.3％①,高耗能行业与先进制造业的此消彼
长说明浙江产业结构正向高级化稳步推进(见图 2-4)。

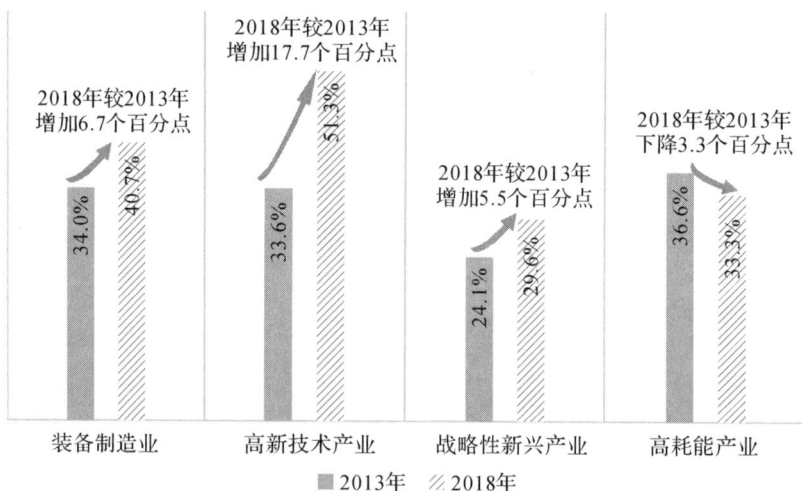

图 2-4　浙江省分产业规上工业增加值占全部规上工业比重变化对比

(注:数据来自浙江统计年鉴以及统计公报)

(二)增长动力上:从要素投资驱动向创新驱动转变

为加快摆脱原有依赖高污染、高排放、低效益的传统要素驱
动、投资驱动发展模式,多年来,浙江坚持把创新驱动战略摆在发
展全局的核心位置,大力培育创新主体、加大创新投入,研发创新
对工业经济增长的贡献显著增强。2018 年浙江规模以上工业研究
与试验发展经费支出为 1147.4 亿元,是 2008 年的 4.8 倍,研发投
入占主营业务收入比重从 2008 年的 1.6％提高到 2018 年的 2.5％。
研发产出效率也明显提升,2018 年规模以上工业新产品产值率为
36.4％,比 2008 年提高 19.9 个百分点;每万人拥有发明专利数量

---

① 兰建平,于晓飞等.从应对金融危机到适应高质量转型的浙江经验[J].治理研
究,2018(6):56-57.

从 2008 年的 13.6 件/万人扩大到 23 件/万人①，年均增速达到 5.4%（见表 2-2）。

表 2-2 浙江省规上工业企业科技活动情况比较

创新指标	2008 年	2018 年	提高（%）
工业企业 R&D 经费投入（亿元）	283.7	1147.4	15（年均增速）
研发投入占主营业务收入比重（%）	1.6	2.5	0.9（百分点）
新产品产值率（%）	16.5	36.4	19.9（百分点）
每万人拥有发明专利数（件/万人）	13.6	23	5.4（年均增速）

（注：数据均来自浙江省历年统计年鉴、统计公报）

种好梧桐树，引得凤凰来。在注重"腾笼"的同时，为避免"腾笼空鸟"，浙江把创新平台建设作为"孵鸟、育鸟"的关键举措，吸引集聚省内省外高端创新资源，挖掘和孕育工业发展新潜能。各类国家级和省级高新区、科技城、众创空间、特色小镇已成为各地创业创新的重要平台。习近平同志还亲自推动成立清华长三角研究院等一批高水平新型科技创新载体。以新产业、新业态、新模式为特征的"三新"经济对 GDP 增长的贡献率接近四成，特别是新一代信息技术产业迅速发展，以大数据、云计算、移动互联网、物联网、人工智能等为代表的创新应用新业态风起云涌，浙江已经成为信息经济应用创新的领跑者。

（三）发展模式上：从外延粗放式向绿色生态式转变

浙江省牢固树立"绿水青山就是金山银山"的发展理念，将"腾笼换鸟"作为探索绿色生态发展模式的一大重要途径。多年来，浙江不断加大淘汰落后产能、倒逼"低小散"行业整治提升、处置"僵

---

① 兰建平，于晓飞等. 从应对金融危机到适应高质量转型的浙江经验[J].治理研究，2018(6)：56-57.

尸企业"、大力发展绿色生态工业,加速工业转型升级,实现"凤凰涅槃"。2013年前后,浙江省相继提出"三改一拆""五水共治""四换三名""亩均论英雄"改革等重大举措,2016年至今,又大力推动小城镇环境综合整治行动、谋划实施"大花园"建设,深入践行"绿水青山就是金山银山"理念,绿色发展、循环发展、低碳发展为全省经济发展不断注入源头活水。资源集约节约利用水平提高。2017年,全省工业行业共淘汰30多个行业2690家企业的落后和严重过剩产能,规模以上工业企业单位增加值能耗持续下降,2011—2017年年均下降率为5.0%,超过同期单位GDP能耗下降幅度0.7个百分点[①]。一大批如新能源汽车、屋顶太阳能发电、生态工业园等资源消耗少、附加值高、带动性强的重大项目落地开花。浙江工业综合实力、发展质量和经济效益明显提升。2018年全省规上工业增加值率21.1%,比2008年提高1.4个百分点,规上工业主营业务收入利润率、规上工业新产品产值率从2008年的4.1%、16.6%提高到2018年的6.4%、34.8%(见图2-5),成效十分显著[②]。

(四)形态变迁上:从块状经济向现代产业集群转变

在过去的20多年时间里,浙江凭借较发达的市场经济,在地理版图上形成块状明显、色彩斑斓的"经济马赛克",成为工业经济一大亮点。以"腾笼换鸟、凤凰涅槃"为抓手,浙江2008年作出加快块状经济向现代产业集群转型升级的重大战略决策,2011年启

---

① 夏丹. 国家淘汰落后产能第五督导组调查后评价——浙江淘汰落后产能成效显著[N/OL]. 浙江日报,2017-06-09[2020-05-22]. http://zjrb.zjol.com.cn/html/2018-06/10/content_3143370.htm? div=-1.

② 本段原始数据均来自2018年和2008年浙江省国民经济和社会发展统计公报,由省工信院通过整理计算所得。

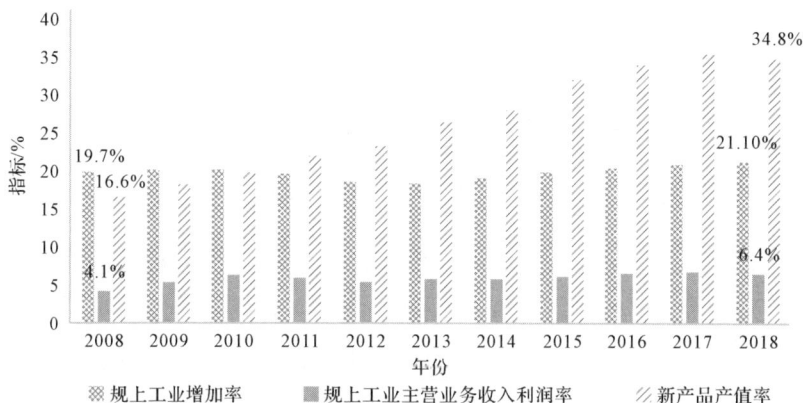

图 2-5 2008—2018 年浙江省规模以上工业企业效益主要指标

(注:数据来自浙江统计年鉴以及统计局快报数据)

动产业集聚区及新型工业化产业示范基地建设,近年来又提出特色小镇、先进制造基地建设,块状经济向产业集群转变步伐加快,成效显著。一是组织形态逐步演进。从"专业生产＋专业市场"逐步变为"专业化分工生产＋国际性商贸市场＋电子商务＋城市空间"的发展新模式,多地突破县域行政边界,实现"多地抱团"式升级,如永康五金产业集群建立了永康、武义、缙云区域合作机制,建设创新、通关、物流、会展、总部等平台。二是创新能力日渐提高。科技创新与产业集群创新紧密结合,科技创新服务体系不断完善,如中科院嘉兴中心与周边企业结成"亲家",实现科技成果产业化,成为中科院院地合作的"嘉兴模式"。三是具有国际竞争力的产业集群加速形成。随着县域产业集群向产业链"微笑曲线"两端转移,部分发展水平较高的"块状经济",已经从一般的产业集聚转为具有一定国际竞争力的产业集群,前景看好。如乐清电器产业集群从单一的低压电器延伸到高压电器,从元件电器延伸到成套电器,发展成为新的为输、变、配电全方位服务的电器制造系统,2010年被国家工信部命名为装备制造(电工电气)国家新型工业化示范基地,2013年被中国机电产品进出口商会评为"中国低压电器出口基地",产业集群水平大幅提升。

(五)资源配置上:从单一两头在外向全球竞合转变

改革初期,浙江充分利用区位条件和制度变革的先发优势,凭借资源和市场"两头在外"的开放型经济实现从"资源小省"到"经济大省"跨越,然而由于缺乏品牌和渠道,企业长期处于价值链低端,大量从事贴牌、代加工等低附加值生产。为加快"浙江制造"转向"浙江创造",10多年来,浙江先后引导浙商回归、参与国家"一带一路"建设、推进宁波舟山港一体化、建设义甬舟开放大通道等多个开放大平台、举办G20峰会和世界互联网大会等国际性会议,不断提升浙江在国际上的知名度和影响力。全球140多个国家和地区都有浙江企业活跃的身影,在外投资和经商的浙商达1170万人,浙江人在省外、国外创造的生产总值,已相当于浙江本土GDP的两倍。海外并购日益活跃,企业全球资源整合能力不断增强,据不完全统计,从2011年至2018年,浙江省共实施海外并购项目183单(见图2-6),居全国第二位①。企业通过海外并购"买进来"先进技术、高端人才、顶尖品牌等高端要素,加速推动"浙江制造"从单一的"两头在外"加快向价值链、产业链的全球前列水平迈进。如汽车制造业,企业开始涉足中控系统、发动机等高附加值环节,逐步融入全球汽车产业链高端,浙江新能源汽车产量占全国比重超过20%。

---

① 原始数据来自同花顺(上市公司版)客户端并购重组数据版块,由省工信院根据数据整理计算所得。

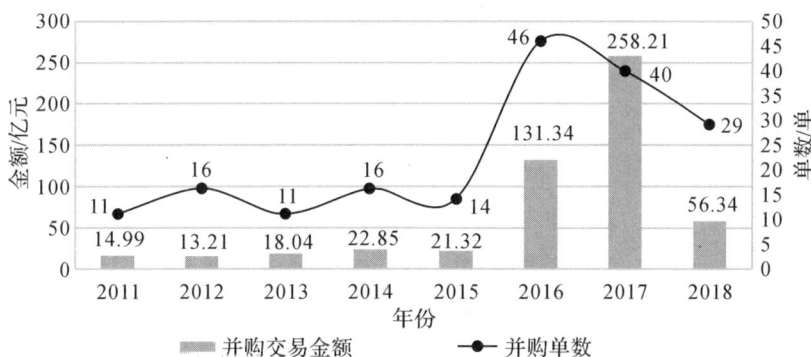

图 2-6 近年来浙江省上市公司海外并购情况变化

(注:数据主要来源于同花顺)

二、路径探索:力促工业经济新转型

(一)突出"破",以要素集约利用"腾鸟笼"

腾出"笨鸟"之笼,破除无效供给,为新动能发展创造条件、留出空间,是"腾笼换鸟、凤凰涅槃"的内在要求。浙江工业化从低门槛的家庭工业、轻小工业迅速起步,低小散特征明显,尤其是进入21世纪,原有的粗放型增长方式已难以为继。近年来,浙江持续深化"亩均论英雄"改革,积极淘汰落后产能、加快"低散乱"整治、推动低效用地"二次开发",促进生产要素加快从低质低效领域向优质高效领域集中。

1.深化"亩均论英雄"改革

对浙江而言,"亩均论英雄"并非一个新生现象,而是一套经过多年基层实践探索出的系统性方案。早在2006年,"亩产论英雄"已在绍兴柯桥等地试点实施,为进一步提高配置质量和效率,2013年浙江启动了以"亩产效益"为导向的资源要素市场化配置改革试点,2018年又提出"亩均论英雄"改革,加速推动产业结构调整、经济发展方式转变。一是创新完善指标体系。以县（市、区）为主体，以亩均税收、亩均增加值、全员劳动生产率、单位能耗增加值等指标为主，全面实施工业企业"亩均效益"评价。二是探索建立工作体系。突出"全省联网、全面覆盖、全国领先"，建成省、市、县、园区、企业五级联动的"亩均论英雄"大数据平台，为全省企业"亩均效益"综合评价、监测预警和精准服务提供重要支撑。三是灵活构建评价体系。根据综合评价结果，将企业分为 ABCD 四类，对不同类别企业实施差别化的电价、水价、排污费、城镇土地使用税、用地、金融信贷等政策，通过正向激励和反向倒逼，让优质企业不断做大做强、潜力企业加快提档升级、低质低效企业有序退出。

2. 淘汰落后产能和"低散乱"整治提升

近年来，浙江以冶炼、造纸、印染、水泥、制革等高耗能高污染行业为重点，严格淘汰不符合国家产业政策、节能减排要求和安全生产条件的落后产品、技术和工艺设备，并根据区域产业结构调整的需要，逐步淘汰和转移一批不具有能源资源利用优势、产业附加值较低的相对落后产能。同时，各级政府根据本地实际情况，制订淘汰落后产能规划和年度实施计划，逐步提高淘汰标准。依法全面整治以"四无"为重点的"低散乱"企业（作坊），对法律法规明确关停、整改无望或整改后仍不达标的企业（作坊），坚决予以出清。

3. 推进低效工业用地"二次开发"

以"亩产效益"评价为抓手，综合运用"退二优二"、协商收回、实施流转、协议置换、收购储备、提高容积率、改变土地用途、提高土地利用效率等多种方式，深入推进低效用地再开发，提高土地利用效益。实行政府主导再开发、原土地使用权人再开发、市场主体再开发等多元开发模式,挖掘存量建设用地潜力。建立健全工业用地出让全生命周期管理,对盘活的工业用地,优先用于发展先进制造业,不轻易改变土地用途。严把项目准入关和质量关,切实提高土地资源保障能力和投入产出效益。

(二)突出"新",以科技创新发展"增动能"

参天大树、茂密森林,离不开阳光雨露、肥沃土壤,科技创新在哪里兴起,发展动力就在哪里澎湃。拿出"壮士断腕"的勇气,强化以科技创新驱动制造业转型升级,是浙江"腾笼换鸟、凤凰涅槃"的基本路径。2004 年浙江省统计局发布的《浙江 GDP 增长过程中的代价分析》显示,浙江每创造 1 亿元工业增加值需排放 2.38 亿标立方米工业废气,产生 0.45 万吨工业固体废物,分别比 1990 年增长 3 倍和 1.3 倍[①],"增长的极限"成为浙江工业发展的一大瓶颈。2005 年 12 月 8 日,在省委常委会务虚会上,习近平同志指出:"我们在常常感受到'成长的烦恼'和'制约的疼痛'的同时,也切实增强了推进科技进步、提高自主创新能力、实现'凤凰涅槃'的自觉性和紧迫感"[②]。

1. 打造高水平公共创新平台

高水平公共创新平台是浙江厚植创新沃土,布局未来,打造一流创新生态链的战略选择。近年来,浙江积极谋划杭州城西科创大走廊、宁波甬江科创大走廊、G60 科创大走廊建设,打造之江实验室、阿里达摩院、西湖大学等高能级创新载体,引导各地引进大

---

① 徐剑明.浙江 GDP 增长过程中的代价分析[J].浙江统计,2008(2):16-19.
② 浙江省中国特色社会主义理论体系研究中心.从"腾笼换鸟、凤凰涅槃"到高质量发展[N/OL].浙江日报,2018-07-19[2020-05-22]. http://www.qstheory.cn/economy/2018-07/19/c_1123150757.htm.

院名校共建创新载体。建立分行业、跨区域制造业创新中心,在重点领域创建若干家国家级制造业创新中心。强化政府引导、企业主体,高校、科研院所、行业协会以及专业机构参与,建设一批集创业孵化、研究开发、技术中试、成果推广等功能于一体的产业创新服务综合体。打造科技企业孵化器、大学科技园、众创空间等各类特色"双创"载体,构建起了多点参与的"政产学研用资"协同创新生态,助推高质量发展。

2.全面提升企业创新能力

企业是经济的细胞,也是创新主体和动力源泉。近年来,浙江大力实施科技企业"双倍增"行动计划,扶优做强一批高新技术龙头企业,壮大一批科技型企业,打造一批以阿里巴巴、海康威视等为代表的研发实力与创新成果国际一流、产业规模与竞争能力位居前列的创新型领军企业。大力建设企业重点实验室、工程技术研究中心、企业技术中心、制造业创新中心、高新技术研发中心等创新载体,推进规模以上工业企业研发机构、科技活动全覆盖。支持和推动有条件的龙头企业建设海外研发中心、海外创新孵化中心。比如杭州市滨江区海康威视通过收购英国 SHL 公司实现研发中心的海外布局,启明医疗、安恒信息等百余家企业在国外设立了研发中心或研发团队,推动滨江区的数字安防、工业自动化、金融软件服务引领全球中高端市场。

3.加强产业关键核心技术攻关

关键核心技术是衡量制造业水平的一项重要指标。党的十八大以来,习近平总书记在多个场合强调:"核心技术是我们最大的命门,核心技术受制于人是我们最大的隐患。"一是突出"准",把攻关力量集中在产业链关键点。通过梳理出首批关键核心技术清单,以浙江大学、省属重点高校,杭州、嘉兴、宁波等经济较发达地区为主,每年由省、市、县各层推进实施了一批重大科技攻关专项。二是突出"学",引导各地建立"企业出题、高校解题、政府助题"的合作模式。比如杭州市滨江区、绍兴市新昌县等地,立足企业技术需求,组织专家到企业、带企业到高校,同时,坚持"校地联姻",把论文写在车间。如新昌与浙江理工大学合作,共建浙江理工大学新昌技术创新研究院,校地联合培养研究生,并把创新成果作为学业成绩、职称晋升的依据。三是突出"用",重视科技成果转化应用。浙江各地实践表明,技术攻关要坚持"出成果用成果",破堵点、畅渠道,不断打通科技创新向现实生产力转化的通道。

(三)突出"调",以产业结构升级"育集群"

以"浴火重生"的决心,坚定推进产业结构调整和优化升级,打造高质量的现代化产业集群,是"腾笼换鸟、凤凰涅槃"的根本目的。自2017年以来,浙江深入贯彻落实"八八战略",顺应以信息技术为主导的科技革命发展趋势,大力实施数字经济"一号工程",推动传统制造业改造提升,坚持以信息化带动工业化,演绎了从信息技术导入到信息产业发展、再到以信息经济为第一经济形态的区域发展范式的生动实践。

1.实施数字经济"一号工程"

作为全国首个国家信息经济示范区,浙江审时度势,主动迎接新经济,谋求新发展,近年来把数字经济作为"一号工程"来抓,大力推进以互联网为代表的新一代信息技术的创新突破和广泛应用,打造云上浙江、数据强省。一是以数字产业化,实现未来产业"快发展"。浙江把握5G发展契机,提出做大做强集成电路、高端软件、云计算、大数据、物联网、人工智能等产业,布局发展区块链、虚拟现实、量子信息、柔性电子等前沿产业,推动阿里成为全国最大、世界第三大的云公司,海康威视、大华科技研发的数字安防技术全球领先。二是以产业数字化,推动传统产业"换新颜"。浙江数字经济理念使每个行业都应该意识到数字经济与我有关,推动传统行业与数字经济产生"化学反应"。通过数字技术为传统园区、平台、产业赋能,把控每一件产品、每一道工艺、每一个装备、每一层管理,加快发展动能倍增、叠加以及转换。比如金华红狮水泥厂,通过数字化技术实现一块石灰石,从原料进厂到变成水泥,全程都以数据形式显示在平台上,极大地提升了水泥生产的工艺水准和管理效率,同时,又整合个体货车资源和中小企业需求,打造了"无车承运人"项目,实现从"为我所用"到"我要参与"。

2.深化传统制造业改造提升

围绕纺织、服装、皮革、化工、化纤、造纸、橡胶塑料制品、非金属等重点传统制造业,打好政府引导搭台、企业主体运作、全球精准合作、内外并购重组、推进股改上市、政策资源保障等改造提升组合拳,联动推进"互联网＋""机器人＋""标准化＋""大数据＋"的融合应用。逐个行业出台实施方案,明确改造提升路线图,对照目标深入抓改造提升。开展绍兴市传统产业改造提升综合试点和传统制造业改造提升分行业省级试点,对照国际国内先进水平实施省级试点对标提升活动。

(四)突出"育",以企业培育加码"壮主体"

"腾笼换鸟"既要激励"老鸟"涅槃,又要注重培育壮大"小鸟",推动市场主体不断升级。近年来,浙江大力培育具有国际竞争力的产业链龙头企业,引导中小企业向"专精特新"方向发展,构建大企业与中小企业协调发展的梯队格局,不断集聚高质量发展的强大动能。

1.壮大培育产业链龙头企业

大力实施"雄鹰行动",聚焦绿色石化、汽车制造、数字经济、高端装备、医药化工、时尚消费等重点领域,以年营业收入100亿元以上、主导产品或服务市场占有率国内前三、世界前列为主要标准,分年度遴选企业纳入"雄鹰行动"企业培育库,着力培育一批具有国际竞争力的一流企业,加快成长为全球行业标杆。大力实施"凤凰行动",以股改为切入点,推动企业在境内外资本市场挂牌上市,支持优质企业开展兼并重组,建成面向全球的资源、市场、人才配置和生产服务系统。

2.加快培育"专精特新"企业

积极实施"雏鹰行动",遴选一批创新型、科技型、成长型优质中小微企业,建立"雏鹰行动"企业培育库,形成"小升规"—"隐形冠军"—"单项冠军"的梯度培育机制。引导并推动规模以下小微企业和个体工业聚焦"专精特新"的发展方向,重视技术提升,改善工艺装备,加强基础管理,成长为产品质量可靠、附加值高、节能环保、安全生产的先进制造企业。滚动实施"小微企业三年成长计划",开展小微企业质效提升行动,推进科技企业"微成长、小升高、高壮大"梯次培育。2019年,全省新增隐形冠军企业54家,入选国家专精特新"小巨人"企业19家,新增国家制造业单项冠军企业(产品)28家,累计102家,总量居全国第一,超额完成"小升规"企业2500家年度任务①。

---

① 浙江省经济和信息化厅政法处.2019年全省经信工作总结[EB/OL].(2020-03-26)[2020-07-06].http://www.zj.gov.cn/art/2020/3/26/art_1228998792_42406991.html.

3.推进大中小企业融通发展

聚焦重点行业领域,围绕供应链整合、创新协同、数据共享等产业发展关键环节,引导和推动产业链上下游企业加强产业协同,构建形成大企业引领中小企业发展、中小企业为大企业提供专业化支撑的融通发展新格局。鼓励龙头大企业开放创新链和供应链,构建基于"互联网＋"的分享制造平台、协同创新平台,探索发展生产制造领域共享经济新模式新业态,着力降低自身创新转型成本,带动中小企业高质量发展。如义乌"聚饰云"平台,通过"线上网络平台＋线下产业基地"的模式,为饰品行业制造商、配件商及第三方服务商提供订单共享制造、供应链集采等全产业链条服务,打造形成多方共赢、可持续发展的协同发展体系。

(五)突出"质",以发展方式升级"促增效"

推动发展方式的根本性转变,加快由制造向智造、由贴牌向创牌升级,走绿色可持续发展道路,是实现浙江制造"浴火重生、凤凰涅槃"的必然选择。近年来,浙江不断强化数字赋能、推进实施绿色制造、大力提升质量品牌,推动现有产业发展方式持续升级,使得有限资源发挥更大的效益,推动从"浙江制造"向"浙江创造"转变。

1.不断强化数字赋能

实施企业"两化"融合登高计划,加快研发设计、生产、管理、营销等环节数字化改造,大力发展网络化协同制造、个性化定制、服务型制造,拓展产品价值空间,实现从制造向"制造＋服务"转型升级。实施智能化改造工程,推进"机器人＋"融合应用,大力建设智能制造单元、智能生产线、数字化车间、智能工厂等,积极探索打造"未来工厂"。在全国率先打造"1＋N"工业互联网平台体系,初步建成 supET 工业互联网基础性平台,面向企业提供现场生产过程优化、运营管理决策优化、社会资源优化配置与协同、产品全生命周期管理与服务优化等服务,加快企业业务系统向云端迁移。

2.推进实施绿色制造

推进工业固体废物综合利用和再生资源高效利用,建设新能源汽车动力电池、废旧电子产品等回收利用体系,实施汽车零部件、机床、电机等重点领域再制造。加强工业污染物减排与资源循环利用,整治提升电镀、印染、造纸、制革、化工、铅蓄电池等行业,开展强制性清洁生产审核和持续清洁生产审核。实施能源和资源利用高效化改造工程,开展节能节水技术改造,推动节能技术装备升级换代。推广绿色设计和绿色产品开发,建设绿色工厂,发展绿色企业,培育绿色园区,打造绿色供应链,构建高效、清洁、低碳的绿色制造体系。

3.大力提升质量品牌

深化"品牌＋",实施"浙江制造"品牌培育工程、消费品工业"三品"行动,大力宣传推广"品字标浙江制造"和"浙江制造"精品,打响"品字标浙江制造"品牌。深化"标准化＋",对照国际标准和国外先进标准,制定一批拥有自主知识产权的高水平"浙江制造"标准。开展国际优质产品质量对标达标活动,组织质量提升关键技术攻关。开展质量提升示范行动,培育一批中国质量奖企业、全国"质量标杆"企业和省政府质量奖企业。实施"百网万品"拓市场专项行动,持续组织百家电商平台集中推介浙江制造产品,举办"十行百场"新产品对接活动。

(六)突出"聚",以平台整合提升"筑好巢"

充分利用"倒逼腾笼"的空间,加快"筑好巢",为引来"金凤凰"打下坚实基础。2003 年 7 月,中共浙江省委十一届四次全体(扩大)会议提出的"八八战略"中,其中第三大战略就是,"进一步发挥浙江的块状特色产业优势,加快先进制造业基地建设,走新型工业化道路",这标志着全省建设先进制造业基地进入实质性实施阶段。此后,浙江坚定不移沿着"八八战略"指引的路子走下去,先后在全国率先探索和积极打造特色小镇、小微企业园等新型产业平台,加速资源要素集聚,为新兴产业培育、传统产业提升构筑全方位全周期平台载体。

1.打造一批先进制造业基地

浙江凭借块状经济优势,重点选择市场前景好、特色明显、国内领先的优势产业,建设了一批全国性制造中心,培育了一批全国重要的产业基地,打造了一批制造业产业新区。实施技术支撑、扩大开放、集聚发展、品牌战略等"八大工程",加快集群化发展,提高产业竞争力。创建国家级和省级新型工业化产业示范基地(先进制造业基地),树立全国范围内构建现代产业体系、发展新兴产业的标杆、典范,探索形成一批可复制、可推广的有益经验。

2.培育一批工业特色小镇

浙江自 2015 年率先在全国提出特色小镇建设,一批特而强、聚而合、精而美、活而新的特色小镇茁壮成长,掀起了新一轮的创新创业热潮,成为加快产业转型升级的典范。一是产业"特而强"。特色小镇的产业定位面向未来,主攻浙江重点打造的信息经济、环保、健康、旅游、时尚、金融、高端装备制造产业,以及茶叶、丝绸、黄酒、中药、青瓷、木雕、石雕等历史经典产业。二是创新"聚而合"。依托特色小镇,浙江通过集聚一大批高校系、浙商系、阿里系、海归系的创业创新人才、创业团队,推动产学研用协同创新,同时加速科技与金融紧密结合,聚起了创业者、风投资本、孵化器等高端要素,促进了产业链、人才链和创新链的快速形成。三是环境"精而美"。所有特色小镇建设为 3A 级以上景区,在高标准要求下建成的梦想小镇、云栖小镇等众多小镇不单是产业层次高、人才集聚多,而且景色优美、环境宜人,成为产城融合的典范。四是管理"活而新"。浙江依托市场"无形之手",充分发挥市场配置资源的决定性作用,摒弃"政府大包大揽",不堆财政资金"盆景",最大限度激发市场主体活力和企业家创造力。

3.建设一批小微企业园区

小微活,就业旺,经济兴,推动小微企业高质量发展离不开小微企业园这一重要载体。一是规划先行。浙江由设区市统筹指导,以县(市、区)为单位编制建设规划,突出行业特点做好整体设计。二是鼓励多主体多模式开发。浙江引导各地因地制宜采用政府主导开发、工业地产开发、龙头企业开发、企业联合开发、村集体联合开发等多元模式建设小微园,合理限定园区的租售比例、租售价格和转让条件,确保小微企业园低成本性质,让小微企业"进得起、留得住、发展得好"。三是完善园区生产和生活配套服务功能。各地不断丰富小微企业园融资担保、知识产权、研发设计、检验检测等公共服务供给,促进入园企业健康成长。四是强化园区管理运营。实行动态准入退出管理,推行专业化运营管理,并加快"园区大脑"的系统开发应用,推动小微企业园实现管理智慧化、服务平台化以及入驻企业的智能化改造和数字化转型。

(七)突出"活",以深化改革开放"增活力"

进一步深化体制机制改革,扩大对外开放发展水平,是实现"腾笼换鸟、凤凰涅槃"的有力保障。党的十八大以来,浙江自觉践行习近平总书记赋予的"干在实处永无止境,走在前列要谋新篇,勇立潮头方显担当"新期望,争当深化改革、扩大开放的排头兵,着力营造优良营商环境,不断激发制造业发展活力和创造力。

1.深化"最多跑一次"改革

深化企业投资项目"最多跑一次"改革,围绕审批事项简化、标准化,推动企业投资项目管理重心从事前审批向事中事后监管服务转变,制定全省相对统一的企业投资项目审批事项标准化清单、办事指南及通用格式文本。实施审批流程优化再造,推进区域评价、多评合一、统一评审模式,实施"区域能评＋区块能耗标准"改革。变"企业跑"为"数据跑",建设和应用"互联网＋"在线平台,企业办理项目核准或备案等相关手续,通过在线平台一口受理、网上办理,打破各地、各部门涉及企业投资项目事项的信息孤岛,实现数据共享。建设"数字经信",完善工业经济运行监测系统,实现协同办公平台、网上审批服务平台向市县延伸。

2.合作推进长三角一体化

持续深化长三角区域产业一体化合作,建设中新嘉善现代产业园、海宁漕河泾产业合作园等一批合作平台,打造苏浙皖产业合作区,吸引上海优势产业协同建设一批产业合作"飞地"。协同打造长三角重大创新平台,共同提升长三角G60科创走廊合作发展水平,规划建设环杭州湾高新技术产业带,合力争取国家重大科研任务落户长三角区域,共同承接国家科技创新2030重大项目和国家科技重大专项。建立完善长三角科技资源共建共享和服务机制,在嘉善国际创新中心(上海)、婺城上海科创中心、上海张江(衢州)生物医药孵化基地等"飞地"的基础上,总结经验,鼓励各地在上海等地共建"创新飞地",强化与省内孵化平台和产业化基地紧密联动。建立统一的区域性创新券服务平台,促进创新券在长三角区域更大范围通用通兑。

3.不断加强全球精准合作

重点在纺织、服装、化工、化纤、时尚消费品、生物医药、通用航空制造、新能源汽车、新材料、智能物流装备、人工智能、柔性电子、集成电路与软件、量子通信、智能硬件、增材制造等产业,精准遴选世界500强企业、行业龙头骨干企业或知名企业集团、隐形冠军企业、专精特新企业等并与其开展合作。通过举办世界互联网大会、世界浙商大会、中国浙江投资贸易洽谈会、云栖大会等重要经贸活动,有针对性地开展工业和信息化重点企业、项目对接专场活动。聚焦重点项目,每年编制汇总下一年度全省工业和信息化全球精准合作重点项目清单,对合作成功的重点项目,优先纳入省"百项万亿"重大制造业项目实施计划、省重大产业项目库。

◆◆ 【案例2-4】

新昌县"数字赋能",实现轴承产业"智"变

一是以"工程总承包"方式,破解中小企业没能力实施智能化技改的难题。借鉴住建工程总承包"交钥匙"方式,新昌县遴选行业基础扎实、信息技术水平领先的本地省级工业信息工程公司陀曼智造作为总承包商,负责为中小微轴承企业量身定制数字化改造服务,包括提供技改路线、软硬件开发、系统集成、运营维护等,使中小微制造企业在数字化转型中省心、省力、省钱,且工期与工程质量都有保证。

二是以"小批量免费体验"方式,破解中小企业对智能化技改顾虑多的难题。新昌县政府、陀曼智造每年各出资500万元,成立小批量免费体验专项资金,按一定加工设备数量比例,为每家实施

智能化技改的轴承企业免费安装 TM-e 微智造系统，实时采集机床进料、刀具使用、产量计量、故障报警等设备数据，汇聚到云平台进行整理、归集和储存，并利用数据库基本算法等大数据技术，以电子看板、手机 APP、企业管理报表等方式为企业提供数据服务，帮助企业发现问题、分析问题、解决问题。

三是以"分批推进"方式，破解中小企业技改投入大、影响订单交付的难题。锁定性价比最高的"数字化制造"环节，采用只装 TM-e 微制造系统、暂不换机器设备办法，降低企业智能化技改投资成本，缩短投资回收周期。同时，分批次对生产设备实施技改，确保企业在改造过程中有相应的设备继续正常生产，从而保障订单交付、降低技改机会成本。

四是以"平台化服务"方式，破解中小企业技改后续运营服务缺失的难题。全力打造轴承工业互联网平台，建立轴承制造大数据库，开发涉及企业各项数据分析预测、故障预防、快速维护等健康服务，并建立健康管理与产品全生命周期的可追溯管理体系，不断满足轴承企业各项个性化服务需求，进一步提升企业数字化与精益制造水平。

五是以"企、政、供、智、金"紧密合作方式，破解中小企业技改推进力度不足的难题。坚持企业主体，把调动企业积极性创造性摆在首位。切实加强政府引导，开展轴承行业智能制造"百企提升"活动，强化政策和制度供给，为多主体合作提供保障。坚持把培育信息工程承包商与平台品牌供应商/服务商放在突出位置，为其研发创新、工程承包示范创造良好条件。充分发挥省智能制造专家委员会在政策制定、关键技术创新、商业模式探索、平台建设服务等方面的智力服务作用。注重发挥金融助推作用，创造"融资、融物、融服务"等服务新模式。

案例简析 >>>

新昌县作为"中国轴承之乡",随着经济进入新常态,面临成本优势不再、低端竞争激烈的发展瓶颈,提档升级、增加附加值成了其突围之路。为此,新昌县抢抓新一代信息技术快速发展和广泛渗透机遇,把深化轴承业改造提升省级试点与实施数字经济"一号工程"紧密结合起来,以"数字化制造、平台化服务"为切入点,以"5+5"(五种方式解五大难题)为抓手,加速轴承产业"数字赋能",推动产业"智"变。2018 年,新昌有 115 家轴承企业实施改造提升,部分企业通过智能化改造成效显著,操作人数下降 37%,机床平均效率提升 12%,产量提升 47.5%,单位用工成本下降 82%,单位耗材成本下降 32%,实现了员工减少、成本下降、设备综合利用率和产量同步大幅提升①。

◆◆ 【案例 2-5】

绍兴市柯桥区"腾换并举",实现纺织印染"老树发新芽"

一是破除要素制约"腾旧笼"。2017 年,绍兴市柯桥区以印染产业转型升级省级试点为契机,进一步推进印染产业集聚提升,推动企业向滨海印染产业集聚区集聚,区外不再保留印染企业。出台《深入推进工业小区整治提升实施意见》(区委办〔2017〕80 号),全面整治规范散布全区、杂乱无序、隐患严重的工业小区,在确保符合安全环境等产业标准、税收标准、"四废"标准等前提下,允许

---

① 高超.新昌县:传统行业智能化改造仍将持续深入［EB/OL］.(2019-10-25)［2020-07-06］.http://www.e-10031.com/industry-news/industry-news-55380.html.

部分工业小区"腾笼换鸟",打造绿色产业小区,并制定产业配套园区允许入园的行业标准负面清单及入园标准,倒逼涉污企业提档升级或关停淘汰。

二是创新体制机制"筑新笼"。优化政府收储方式,利用"地票"奖补,固化征收资金"不外流";设立"城市更新基金",确保征收资本"有源头";划定重点区域,化零为整空间连片,让大项目、好项目"能归巢"。创新推进"排污权抵押贷款",通过"吨排污纳税排名",每年核减排名靠后印染企业排污权,引导排污权含金量逐年上升,形成以抵押排污权获取企业发展资金的新型信贷模式。设立绿色印染产业集聚发展基金,对集聚项目新购设备给予技改贴息,对淘汰落后产能设备给予一定的补助,企业利用原地块新建、引进、发展绿色环保产业项目,还能享受相关费用减免和税费奖励。

三是提升发展能级"引新鸟"。强化招商"引金鸟",紧盯高端绿色纤维、高端面料、高端智能纺织印染设备制造等纺织印染产业项目,通过职能部门定向招商、乡镇街道招商团队精准对接、加大对低效开发政策宣传、建立富余土地和厂房信息对接平台等举措,推动优质项目落户柯桥。激发活力"育良鸟",积极开展经济发展突出贡献奖、经济发展功臣、百强企业表彰,培育一批在科技创新、节能减排、精细管理、产品开发等方面具有示范带动作用的标杆企业;对于小微企业,优选对象纳入培育和监测平台,推动个体工商户转向公司制企业实现"二次转型"。与此同时,深入实施"凤凰行动"计划,出台政策推进企业上市和并购重组,对全市前三家在境内上市的区内印染企业,分别进行不同级别的财政奖励。

案例简析 〉〉〉

世界纺织看中国,中国纺织在柯桥。纺织印染产业作为绍兴市柯桥区的支柱产业和金名片,柯桥区面料交易量占全球 1/4,印染产能占全国 1/3、全省 1/2,被誉为"托在一块布上的城市"。但是,近年来,随着社会需求变化及产业结构倒逼调整,柯桥纺织印染产业设备陈旧落后、劳动生产率低、环保压力增加等问题日益突出。面对全球化竞争新格局和转型的阵痛,柯桥区"与其被动转型,不如主动求变",主动出击,打破改造升级的"坛坛罐罐",大力推进印染产业"去产能、促转型",全力实现传统纺织印染产业"老树发新芽",逐步向"绿色高端、世界领先"现代产业集群迈进。2019 年上半年,柯桥区纺织产业实现产值 402.3 亿元,同比增长 16.2%,高出工业产值增速 5.5 个百分点。特别是印染行业通过"加工转经销"试点扩面,产值增长 27%,高出纺织行业平均 11 个百分点①。

◆◆【案例 2-6】

湖州市"绿色智造",推动制造领域"绿色升级"

一是构建多层次"绿色智造"标准体系。针对全市面上工业,编制中国(湖州)绿色发展指数,从时间维度展现湖州市绿色制造整体发展态势。针对县区基层,制定湖州市绿色智能制造区域评价办法,以湖州市区、县为评价对象,从产业绿色发展水平、制造智能化水平、绿色智造工作机制、绿色智造发展潜力 4 个维度科学衡量湖州各县区工业绿色化发展、智能化转型发展情况。针对各个经营实体点,编制绿色产品、绿色工厂、绿色园区、绿色供应链评价标准,在全省率先出台《湖州市绿色工厂评价办法》(湖经信发

---

① 本段数据出自:王旭东.绍兴"腾笼换鸟"连续 7 年全省先进[N].绍兴日报,2019-08-06(01).

〔2017〕93 号)、《湖州市绿色园区评价办法》(湖经信发〔2017〕110
号)以及 15 项绿色设计产品团体标准,实现对企业、园区、产品绿
色发展成熟度星级评价及分组管理。

二是加速推进传统行业绿色制造升级。推进传统细分行业绿
色化改造提升,印发《湖州市传统制造业改造提升行动计划》(湖政发
〔2017〕36 号),重点推进纺织制造业、服装制造业、竹木制品业、家具
制造业、化纤制造业、非金属矿物制品制造业、黑色金属加工制造业、
有色金属加工制造业等八大传统制造业绿色智造提升。加大重点
行业专项整治力度,先后完成铅蓄电池、电镀、印染、化工、制革和造
纸等六大重污染高耗能行业整治,蓄电池行业通过两轮整治,培育
出久立特材、永兴特钢、金洲管道等一批主板上市企业。推进绿色
循环利用改造提升,通过"互联网＋""机器人＋""标准化＋"和"能耗
—""污染—"等途径,加快技术改造投入,实现全产业链的环境影响
最小、资源能源利用效率最高、经济社会效益最优。

三是大力推广智能制造模式。以推广应用流程型、离散型、个
性化定制、远程运维、网络协同等五大智能制造新模式为切入点,大
力开展智能产品创新、智能车间示范、智能管理提升、智能服务培育、
智慧园区改造等智能制造五大行动,加快提升制造业企业的智能制
造水平,提升生产的"绿色"含量。系统梳理智能制造新模式应用项
目,强化政策引导和服务指导,组织实施第三方提供综合解决方案、
智能制造专家诊断、金融对接服务、向上争取立项、典型案例宣传等
措施,加快推进智能制造项目实施和营造氛围。

四是创新绿色金融支持制造业绿色智造发展。湖州抢抓建设
国家绿色金融改革创新试验区契机,发挥建设国家绿色金融改革
创新试验区专项资金和促进商业银行支持制造业发展专项资金的

引导作用，鼓励支持金融机构加大绿色制造、智能制造的支持力度，绿色金融改革创新不断推进、产融结合取得积极成效，制造业企业直接融资成效明显。推动银行业金融机构重点构建绿色信贷管理机制：符合产业政策和行业标准的绿色信贷认证体系和管理机制、适合绿色项目授信特点的高效审批机制、收益有效覆盖成本和风险的利率浮动机制、动态监测和评估的风险防控机制、推动绿色信贷持续有效开展的激励约束和尽职免责机制等。

案例简析 >>>

　　湖州市作为"绿水青山就是金山银山"理念诞生地、国内唯一"绿色智造"特色试点示范城市，"既要绿水青山，也要金山银山"的生态优先、绿色发展意识已深入人心。2005 年以来，湖州市坚定不移举生态旗、打生态牌、走生态路，聚焦"绿色智造"主线，以"绿色智造"标准体系为引领，加快传统行业绿色制造升级、智能制造模式推广，完善绿色金融体系，探索出了绿色发展与工业转型相结合的新模式，工业绿色质效水平显著提升。2014 年至 2016 年，湖州绿色制造发展指数分别为 147.61、158.78 和 168.74，复合年均增长率达到 6.92%，发展水平及增长速度均远高于全国平均水平。2017 年湖州市单位工业增加值能耗同比下降 8.5%，居全省第二，腾出用能空间 16.08 万吨标准煤，淘汰"低小散"企业 3058 家，连续三年超额完成浙江省下达的指标任务，实现规上工业增加值902.8 亿元，同比增长 8.7%，高于全国平均 2.1 个百分点[①]。

　　(以上案例来源：由浙江省工信院根据网络公开资料自行整理。)

---

　　① 本段数据出自：吕昂."绿色智造"构建制造业转型"湖州样板"[EB/OL]. (2018-06-26) [2020-07-06]. http://news. xinhua08. com/a/20180626/1766479. shtml? from＝groupmessage&isappinstalled＝0

第三节　服务业领域的升级

一、实践成效:打出浙江服务"招牌"

(一)服务业综合实力显著提升

多年来,历届浙江省委省政府坚持以"八八战略"为总纲,一张蓝图绘到底,大力推进"腾笼换鸟、凤凰涅槃",实现经济结构战略性调整,服务业蓬勃发展,发展活力不断释放,发展水平居全国前列。2017年全省服务业增加值达到 27279.31 亿元,居全国第四位,占 GDP 的比重为 53.3%(见图 2-7);服务业增加值比上年增长 8.8%,服务业增加值增速已连续 10 年在三次产业中处于领先地位;服务业增加值增长对 GDP 的贡献率为 59.7%,比第二产业高 20.8 个百分点,是浙江经济稳定较快增长的重要引擎。服务业投资规模持续扩大,2017 年服务业投资 21553 亿元,比上年增长 9.8%,增速比全国高 0.3 个百分点、比第二产业高 3.6 个百分点;占全部固定资产投资的 69.2%,比重比上年提高 1.3 个百分点,比第二产业高 39.3 个百分点。服务业税收增长贡献率不断提升,2017 年服务业完成税收收入 5216.8 亿元,同比增长 15.5%,高于二产税收增幅 7.2 个百分点,占全部税收收入的比重达 52.7%,拉动全省税收增长 10.6 个百分点①。

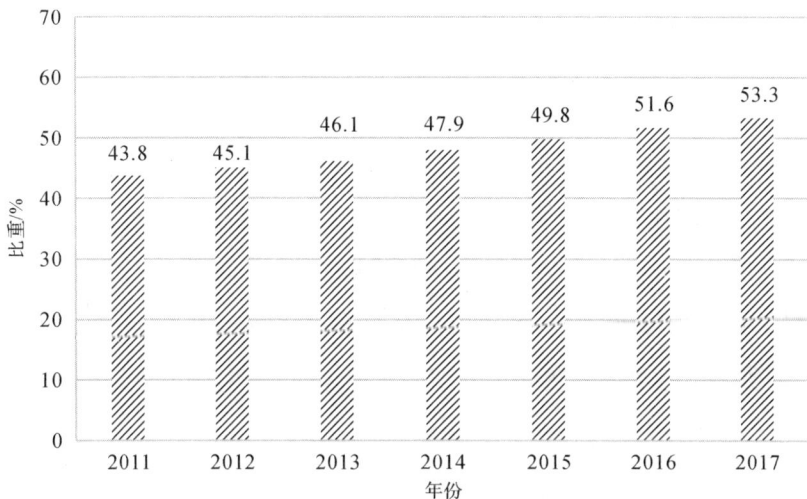

图 2-7　2011—2017 年浙江省服务业增加值占 GDP 比重

(注:数据主要来源于浙江统计信息网)

(二)服务业内部结构不断优化

浙江紧紧围绕打造现代服务产业新体系,坚持以"腾"促"换",以"换"促"新",服务业内部结构优化调整和转型升级稳步推进。生产性服务业呈现快速发展态势,占服务业增加值的比重稳步提升。2017 年,全省生产性服务业占服务业增加值比重达 61.3%,占 GDP 比重达 32.3%,其中,信息传输、软件和信息技术服务业营

---

① 本节第一部分的数据均出自:

1)浙江省统计局.服务业成为新引擎　数字化应用更便捷——改革开放 40 年系列报告之七[EB/OL].(2018-11-19)[2020-07-06].http://tjj.zj.gov.cn/art/2018/11/19/art_1525526_25310827.html.

2)浙江省商务厅.2017 年浙江省服务外包出口继续保持高速增长[EB/OL].(2018-2-23)[2020-07-06].http://www.zcom.gov.cn/art/2018/2/23/art_1389608_15588030.html.

3)浙江省现代服务业发展工作领导小组.2018 浙江省服务业发展报告[M].北京:中国市场出版社,2018.

业收入增速居各行业门类首位,对整个规模以上服务业营业收入增长的贡献率达 59.6%;物流服务业拥有全国 A 级企业数量居全国第一,快递业务量排名全国第二,占全国快递业务量的近 1/5;金融业"浙商系列"发展迅速,全省社会融资规模增量 13331 亿元,新增贷款 8429 亿元,均居全国第三位。生活性服务业向便利化、精细化、品质化升级,商贸流通业市场成交总额、超亿元市场数量、单个市场成交额等指标连续多年居全国首位;旅游业总产出超出万亿元,"诗画浙江"品牌进一步打响;文化服务业发展取得长足进展,影视、出版、演艺、动漫、游戏、文化旅游等领域稳居全国领先地位。

(三)新业态新模式快速发展

随着以移动互联网、物联网、云计算、大数据、人工智能等为代表的新一代信息技术与各行业深度融合,在浙江"服务业版图"上,一批服务业新技术、新业态和新商业模式不断涌现并发展壮大,为浙江省服务业转型发展注入强大动力。平台经济、分享经济、体验经济、创意经济等"四大经济"呈现加速发展趋势,工业互联网、在线设计、"互联网+"供应链、数字贸易等生产服务新模式持续应用,为制造业转型升级提供了有力支撑;未来社区、数字家庭、智慧养老、电子商务、移动支付、网络餐饮等新的生活服务模式加快发展,进一步拓展了消费渠道。2017 年,全省规模以上数字经济核心服务业营业收入达 6677 亿元,比上年增长 34.0%,高于规模以上服务业增速 7.4 个百分点。

(四)支撑平台建设稳步推进

浙江积极运用"腾笼换鸟"的方式,鼓励改造利用废旧厂房仓库、老旧商业设施、城中村、老旧小区等,打造各类服务业发展支撑平台载体,吸引一大批"好鸟""俊鸟"落地生根,集聚集约集群发展水平显著提高。全省现代服务业集聚示范区建设总体呈"稳中提质、稳中增效"良好态势。2017年,浙江省级服务业集聚示范区共吸纳入区企业17.6万家,实现营业收入17463亿元,同比增长25.2%,上缴税收420亿元,同比增长22%,其中营业收入超500亿元集聚区11个,营业收入超100亿元的集聚区共34个。开化—桐乡、文成—瑞安、武义—海宁等省级"山海协作"生态旅游文化产业园建设有序推进。科创孵化、电子商务、文化创意、仓储物流等生产性服务业为主的小微企业园建设全面开展。

(五)服务贸易发展势头良好

"跳出浙江发展浙江",走开放发展道路,是浙江在深刻践行"腾笼换鸟、凤凰涅槃"过程中的重要实践。近年来,浙江积极推动服务业"走出去"融入国际市场,对外开放发展水平不断提升。2017年,浙江服务贸易实现进出口总额3663亿元,居全国第4位,同比增长15.45%,远高于同期货物贸易增速;其中,出口2429亿元,增长17.1%;进口1234亿元,增长12.3%。服务贸易占全省外贸总额的12.52%,比重比上年提高1.2个百分点,对浙江省外贸结构升级的支撑作用进一步凸显。新兴领域服务贸易增长迅速,服务外包离岸执行额达668.09亿元,同比增长19.96%;文化服务进出口总额55.29亿元,同比增长28.36%;技术进出口合同金额达6.3亿美元,同比增长25.36%。服务业利用外资形势良好,2017年全省服务业实际利用外资116.8亿美元,同比增长13.5%,服务业实际外资占总量的比重为65.2%,同比提高6.6个百分点。

二、路径探索:培育服务经济新动能

(一)开展服务业"亩产效益"评价,实现科学"腾笼"

"腾笼换鸟"首先要"腾笼",为服务业新旧动能转换腾出发展新空间。改革开放以来,浙江在全国率先推进市场取向的改革,开创了充满活力和特色鲜明的服务业发展之路,实现了跨越式发展。进入 21 世纪以后,随着发展环境、阶段和条件的变化,经济增长面临资源要素缺乏、生态环境压力和内外市场约束等瓶颈的制约加剧,在这一过程中,传统服务业所占比重仍然偏大、服务业有效供给水平不高、结构素质不优、竞争力不强等问题也愈发凸显,一些吃得多、产蛋少、飞得低的"笨鸟"企业仍长期占据着舒适的笼子,久而久之不愿腾挪。

什么样的"鸟"该"腾笼",得由"亩产效益"说话。"亩产效益"综合评价,就是通过企业亩均效益综合评价和资源要素的差别化配置,加快推动"笨鸟"出清,促进资源要素向优质领域集中。2018年,《关于深化"亩均论英雄"改革的指导意见》(浙政发〔2018〕5号)、《推进我省规模以上服务业企业开展亩产效益综合评价工作的指导意见(试行)》(浙发改经贸〔2018〕689号)等政策文件正式出台,明确指出"2019年,全省所有县(市、区)全面开展服务业重点行业'亩产效益'综合评价"。浙江服务业正式迈入"亩产论英雄"时代。

一是县区为主、试点先行。由于服务业亩产效益评价存在"三多三大三难①"问题,在实际评价中,由各县(市、区)因地制宜确定评价重点和实施方案,原则上在承担国家服务业综合改革试点任

---

① 三多:企业数量多、行业门类多、租赁用地(房)多;三大:地区差异大、行业差异大、企业差异大;三难:取数核实难、科学评价难、差别化政策应用难。

务的杭州、宁波、金华及其所辖区、县(市),24个服务业强县(市、区)试点率先开展评价工作,总结经验后在全省范围内开展。二是分类分业、科学评价。各地根据自身特点,选取纳入评价的重点行业和评价指标,如金华市重点围绕影视文化业、商务服务业等六大行业的规上服务业企业开展评价。三是结果应用、双向发力。通过正向激励和反向倒逼的措施,从租金补贴、贷款授信以及用电、用水、用气等资源要素等方面制定实施适合服务业企业的差别化政策。如宁波市优先推荐A类企业产生人大代表、政协委员等名额。四是树立标杆,示范带动。发布"2019年度浙江省现代物流业、科技服务业'亩产效益'领跑者名单",首批共有78家标杆企业入围①,进一步引导企业对标先进激发活力、助推服务业"亩产效益"提档升级。

(二)打造现代服务业集聚示范区,大力引育"俊鸟"

提高标准"筑新笼",及时"换鸟",避免服务业"空心化",是"腾笼"之后必须面对的重要命题。从发展趋势看,现代服务业的集聚发展是当前的潮流和趋势,基于产业关联效应和社会网络效应而形成的集聚区,具有资源共享、服务网络系统配套和品牌效应的特征,能够为现代服务业发展构筑起一个良好的产业生态环境,从而促进企业资源共享、集聚互动与服务创新。从现实状况看,浙江服务业集聚区建设还处于成长起步阶段,缺乏统一规划、缺乏经验借鉴,缺乏土地、人才等资源要素保障,一些地方、一些领域还存在盲目发展、无序竞争等问题。为此,浙江将"腾笼换鸟"与现代服务业

---

① 浙江省发展和改革委员会.关于2019年浙江省现代物流业、科技服务业"亩产效益"领跑者名单的公示[EB/OL].(2019-11-25)[2020-07-06].http://fzggw.zj.gov.cn/art/2019/11/25/art_1599544_40491627.html.

集聚示范区建设相结合,加强合理布局和高效开发,着力引进培育吃得少、产蛋多、飞得高的"俊鸟",全面提升服务业发展质量和发展水平。

一是抓规划明思路。省级层面和杭州、宁波、嘉兴等设区市纷纷出台了服务业集聚区布局规划,做到明确发展主体、明确四至范围、明确发展目标、明确业态特色、明确功能定位、明确要素保障"六个明确",为集聚示范区建设发展找准了思路、方向和抓手。二是抓"俊鸟"壮主体。实施"雄鹰行动",选拔培育一批资源配置能力强、国际市场占有率高、具有核心竞争力的生产性服务业龙头企业,加大国内外著名服务企业总部、地区总部、研发中心等引入力度。2019年,全省集聚示范区共引进实施省服务业重大项目248个,总投资3306.7亿元①。三是抓政策优环境。省市各级政府从资金补助、用地保障、税费减免、人才集聚等多方面出台了集聚示范区建设支持政策,如杭州、嘉兴、湖州等市对省级、市级服务业集聚示范区给予财政配套奖励,对区内基础设施建设按投资额的一定比例给予补助。四是抓平台强功能。根据集聚示范区的不同类型,重点建设公共设施平台、创业融资平台等公共服务平台,如浙江传化物流基地等为代表的物流园区积极打造物流基础设施及信息服务平台。

(三)推动服务业创新融合发展,做精"浙江服务"

推动服务业摆脱对原有粗放型增长的依赖,真正依靠商业模式、业态、技术、管理创新驱动,发挥"浙江服务+浙江制造"的融

---

① 浙江发布.总投资3306.7亿元! 2019浙江省服务业248个重大项目快来了解[EB/OL].(2019-4-17)[2020-07-06].https://zj.zjol.com.cn/qihanghao/100059035.html? ismobilephone=1&t=1555501501491.

合叠加效应,是实现浙江服务业"浴火重生、脱胎换骨"的重要路径。当前,浙江产业结构正向"服务型经济"加速转型,但在这一过程中,服务业发展快而不优、新兴服务引领作用不强、科技服务支撑能力薄弱等问题仍然突出。党的十九大指出,创新是引领发展的第一动力,是建设现代化经济体系的战略支撑。这些年,浙江省积极贯彻实施创新驱动战略,把握服务业数字化、智慧化、平台化和产业跨界融合发展趋势,加快培育服务经济发展新动能。

一是创新发展"四大经济"新业态。积极培育平台经济、分享经济、体验经济、创意经济等服务经济新业态、新模式。二是推动发展模式创新。加快应用人工智能、互联网、大数据等信息技术改造提升商贸、金融、物流、医疗、教育等行业,推动服务产品数字化、个性化、多样化发展。如传化公路港智慧物流建设,使车辆配货时间从平均 72 小时缩减到平均 6~9 小时,车辆的运行效率提升 48％[①]。三是促进服务业与制造业融合创新发展。推动制造业服务化发展,引导大型制造企业拓展解决方案、维护管理、仓储物流、融资租赁等增值服务,实现由提供产品向提供"产品＋服务"转变。推动服务业制造化发展,鼓励大型服务企业(平台)利用信息技术、营销渠道、创意设计等优势,向制造环节延伸拓展业务范围。2019 年在"全省第一批现代服务业与先进制造业深度融合试点"中,共开展 9 个产业集群类融合试点、6 个龙头企业服务业制造化类试点、10 个龙头企业制造业服务化类试点[②]。四是强化改革创

---

① 方臻子.打通实体经济大动脉[N/OL].浙江日报,2018-5-28[2020-07-06].http://zjrb.zjol.com.cn/html/2018-05/28/content_3139024.htm? div=-1.

② 浙江省发展和改革委员会.关于公布浙江省第一批现代服务业与先进制造业深度融合试点名单的通知[EB/OL].(2019-4-17)[2020-07-06].http://fzggw.zj.gov.cn/art/2019/8/14/art_1599544_36929732.html.

新赋能。推进杭州、宁波两大国家服务业综合改革试点和金华国家现代服务业综合试点,实施中国(浙江)自由贸易试验区、舟山江海联运服务中心、宁波跨境电商综合试验区等专项改革试点,为服务业不同领域的创新探索了未知道路、积累了有益经验。

(四)促进服务业高水平"走出去",拓展发展新空间

既要"引进来"又要"走出去",跳出浙江发展浙江,是"腾笼换鸟、凤凰涅槃"的本义所在。在经济全球化的大背景下,世界服务业呈现加速现代化和全球化的重要趋势,使服务业日益告别传统的地缘导向发展模式,不断打破时间、空间乃至文化、观念的隔离,进入了全球服务价值创造体系重构的全新发展阶段。在浙江工作期间,习近平同志多次强调,经济全球化条件下,必须要"立足全局发展浙江、跳出浙江发展浙江",充分利用国际国内两个市场、两种资源,坚持"引进来"和"走出去"相结合,从而不断获取更大的发展空间、激发更为持续的发展动力,实现"腾笼换鸟、凤凰涅槃"。作为开放大省,浙江高度重视内源发展与对外开放、外向拓展相结合,积极推动服务业"走出去"开拓国际市场,从而以更高水平的开放带动服务业实现更高层次的发展,全省服务贸易继续走在全国前列。

一是建立服务贸易促进体系。成立省服务贸易工作领导小组,统筹指导全省服务贸易发展,并在制订浙江省"十三五"发展规划时,首次把服务贸易和货物贸易同时列入规划内容,对浙江省"十三五"期间服务贸易发展起到积极引领作用。二是夯实服务贸易发展基础。培育服务贸易发展基地,目前全省共认定服务贸易发展基地 37 个^①;加大政府、学校、企业联合培养服务贸易专业人才力度,目前浙江省已连续六年举办"浙江省大学生服务外包创新应用大赛",同时,通过中央外经贸专项资金对全省(不含宁波)服务外包企业新录用员工培训予以财政支持;打造服务贸易领军企业,目前在服务外包、文化服务、国际运输等领域培育了一批龙头骨干企业。三是拓展服务贸易市场。推进"互联网＋"服务贸易的市场拓展方式,如跨境影视文化服务线上交易平台 MEGA MEDIA 每年带动文化服务出口约 200 万美元;组织服务贸易企业参加境内外优质展会和活动,近五年浙江省企业每年参展面积和成交额年均保持 20％以上增长^②。

【案例 2-7】

义乌"电商换市",打造线上线下
融合发展的数字贸易"小商品之都"

一是凝聚政策合力,全面务实推进。强化高位推动,义乌专门成立由市委书记挂帅的市电子商务工作领导小组,并邀请国内 18 名专家成立义乌市电子商务专家组,强化组织保障和智力支持。强化政策支撑,先后制定出台《关于加快电子商务发展的若干意见》《关于加快跨境电子商务创新发展示范区建设的若干意见》《关于促进商贸业高质量发展的若干意见(试行)》等扶持政策,将电子

---

① 浙江省统计局.服务业成为新引擎 数字化应用更便捷——改革开放 40 年系列报告之七[EB/OL].(2018-11-19)[2020-07-06].http://tjj.zj.gov.cn/art/2018/11/19/art_1525526_25310827.html.

② 浙江省商务厅.2017 年浙江省服务外包出口继续保持高速增长[EB/OL].(2018-2-23)[2020-07-06].http://www.zcom.gov.cn/art/2018/2/23/art_1389608_15588030.html.

商务确定为战略性、先导性产业,并在土地、融资、税收等各个方面给予优惠扶持。积极争取试点政策,先后获批国家电子商务示范城市、中国(义乌)跨境电子商务综合试验区等一系列改革试点,为义乌电子商务发展提供了独特的优势和条件。

二是立足传统优势,推动"线上＋线下"市场联动。发挥义乌小商品市场的独特优势,以线下市场为基础,大力培育线上市场,打造线上"义乌购"平台,帮助商贸城内5.3万家线下商铺、300多万种商品经由"义乌购"平台从线下来到线上,2016年"义乌购"线上交易额突破60亿元,线下撮合交易额达400多亿元。同时,进一步加大第三方电商平台引入力度,先后招引阿里巴巴、eBay、Amazon、AliExpress、Wish等电商平台企业入驻义乌。目前,义乌线下实体市场已成为网货的主供应地,义乌零售网商70％的商品来自市场,批发网商80％以上商品来自市场;线上电商对实体市场展示销售的支撑作用进一步增强,全市年度电商零售额是线下中国小商品城的近两倍。

三是完善电子商务发展支撑体系。推进电子商务产业聚集平台建设,如今,义乌市拥有全国最多的网店村和电子商务园区,其中网店村65个、淘宝镇6个,电子商务园区28个、建筑面积达200万平方米。提升电子商务仓储物流服务能力,义乌已集聚邮政速递、中通、圆通、联邦、DHL等快递企业134家、国内物流企业1956家、国际货运代理1056家。增强国际邮件互换能力,日均邮件监管量已突破20万件。鼓励各类跨境电商企业和物流企业在"一带一路"国家建设海外仓,截至2018年底,全市已有17家跨境电商在海外建设了总面积共达6万多平方米的海外仓,公共海外仓8家,约占全省的四分之一。大力培育电商人才,启动了"30万电商人才培训工程",特别邀请上海交大、浙大等 7 所名校在义乌创办了电子商务虚拟大学,专门培养、引进高层次电子商务人才。

四是培育壮大电子商务市场主体。鼓励本地消费品制造企业"触网",大力开拓线上市场,培育电商品牌,浪莎、梦娜、俞兆林等一批本地制造企业的电子商务销售额占公司全部比重将近40%。大力引进市外标杆电商企业,重点瞄准国内外知名第三方电子商务平台、垂直类电商平台等入驻义乌或在义乌设立省级以上区域运营中心,阿里巴巴 eWTP 全球创新中心、京东云仓等一大批重大项目先后落户义乌。壮大农村电子商务队伍,联合京东集团已完成 400 余个村级服务点建设。鼓励电子商务领域创新创业,先后举办"创客我最型""之江创客"全球电子商务创新创业大赛等多种类型"双创"大赛,搭建了大学生创业园、众创空间、创业学院等20余个创业平台。

案例简析 >>>

义乌作为一个商贸立市、商贸兴市的城市,紧抓互联网经济战略机遇,积极拓展"互联网+商贸"新模式,大力发展电子商务,走出了一条"线下+线上"融合的转型之路,实现传统商贸服务业"老树发新芽"。2018 年,义乌小商品市场实现交易额 4523.5 亿元,同比增长 8.9%,电子商务实现交易额 2368.3 亿元,同比增长16.7%,连续多年位列"中国电商百佳县"榜首。

【案例 2-8】

宁波"借港出海",打造有国际影响力的港航服务业中心

一是完善海陆空多式联运,夯实全球化服务基础能力。创建国家海铁联运综合实验区和多式联运示范工程,打通"甬新欧""义甬舟"开放大通道,推动国际配送、国际中转业务发展。打造港航

物流服务集聚区,将环球航运广场打造成高端、总部型航运物流企业集聚平台,构建适应国际中转、国际采购、国际配送、国际转口贸易业务要求的国际供应链服务体系。开辟宁波港口境外物流服务网络,增加国际集装箱班轮航线和航班密度,"一带一路"沿线国家和地区的集装箱航线从2013年的40多条增加到2019年的90多条,国际航线覆盖全球主要港口城市。

二是打造全球合作平台,增强港航服务辐射能力。建立与香港这一内地联系世界的"超级联系人平台"的对接合作机制,助推宁波市海运航运业企业走出去,目前在香港注册的船舶超过3000艘,注册吨位超1亿吨,宁波远洋、象山银星、象山神鱼、鄞州商轮等数十家企业开展国际航运业务。推动组建海上丝绸之路港口国际合作组织,规划建设国际海洋生态科技城。建设宁波海洋研究院和海上丝绸之路研究院,先后发布了海上丝路价格指数和贸易指数,其规模和影响力不断扩大,已成为全球航运贸易领域最重要的"风向标"之一。

三是创新发展高端服务业态,提升服务能级和国际竞争力。加快打造东部新城航运金融服务集聚区,依托梅山金融小镇建设和宁波港的深水港、大宗货源转运优势,引导国内外金融、保险、融资、中介、资金管理、商业保理、信用评级等服务机构落户宁波。发展航运大数据服务业,建设涵盖港航企业、港航服务机构、船舶、车辆、从业人员诚信数据库等信息的港航大数据中心,实现港航服务各主体之间的信息联网和数据共享。

四是建立健全与港航服务业国际化发展相匹配的体制机制保障。全面实施"大通关"工程,建立和完善"一站式"通关服务中心,口岸服务水平显著提升。创新口岸管理体制和监管模式,提升口岸无纸化通关比例。建立出口货物担保放行制度等,探索入境货物口岸"即报即放、快查快放、边检边放、严管严放"等放行模式。建立完善宁波口岸价格监控体系。推进长三角区域海关通关一体化改革,实现口岸信息互换、监管互认、执法互助,通关效率逐步提高。

案例简析 >>>

宁波舟山港自 2015 年 9 月实现实质性一体化运作以来,充分依托和发挥港口枢纽优势和辐射效应,推动港航服务业①快速发展,不断拓展国际市场和业务,有力支撑宁波"国际港口名城"建设。2018 年,宁波舟山港货物吞吐量再超 10 亿吨,继续保持全球唯一的超 10 亿吨级大港地位,年集装箱吞吐量首超 2600 万标准箱,首次跻身世界港排名"前三强",跃居中国港"第二位"。

◆【案例 2-9】

杭州"退二进三",打造支撑现代服务业发展的集聚载体

一是抓政策规划,形成有力推动作用。早在 2006 年,杭州就在《杭州市国民经济和社会发展第十一个五年规划纲要》中明确提出"优化主城区开发格局,按照'两疏散、三集中'的总体要求,实行'退二进三',积极发展高附加值服务业"。此后,《关于实施"服务业优先"发展战略进一步加快现代服务业发展的若干意见》等政策文件相继出台,进一步明确指出"鼓励城区企业实施'退二进三''腾笼换鸟',积极支持以划拨方式取得土地的单位利用工业厂房、

---

① 港航服务业是服务于港口、航运的服务业,一般来说包括围绕货物的装卸、仓储、运输等物流服务,围绕船员的休闲娱乐服务,围绕船舶的燃油、维修、清理、船检等服务,围绕商品的交易、集散、支付等贸易服务,围绕航运的代理、金融、法律、会展、海事等服务。

仓储用房等存量房产发展信息服务、研发设计、创意产业等现代服务业"。近年来,杭州市先后出台《杭州市服务业集聚区总体布局规划》《杭州市现代服务业重点集聚区认定管理暂行办法》等,提出加快打造各类服务业集聚区。

二是抓集聚平台建设,突出特色发展。立足杭州市服务业发展特点,按照"定位科学、特色鲜明、功能完善"的要求,着力打造总部基地(CBD)、创意产业园、软件与服务外包基地、大旅游产业集聚区、物流园区、金融服务业集聚区、科技服务集聚区、商贸服务业集聚区等八大类集聚平台,使之成为新兴服务业和新型业态不断涌现的前沿阵地、现代服务业加快发展的主要载体和突破口。如位于玉皇山南部的杭州山南国际金融产业园区,具备环境与文化、金融与文创融合的特征,对高端金融企业具有很强吸引力,园区通过对区内旧厂房、旧仓库等进行改造建设,打造形态丰富的高端金融业办公空间,2017年园区已集聚了51家私募、股权投资企业,管理资产规模200多亿元,成为杭州私募股权投资企业最多、管理资产规模最大的区块。

三是抓认定评定,强化监测与考核。积极对接省级现代服务业集聚示范区建设要求,制定出台杭州市级服务业集聚区认定管理办法,加强和规范集聚区的认定管理。截至2019年底,全市共有16个集聚区列入省级现代服务业集聚示范区名单,共形成62家市级现代服务业集聚区,涵盖文化创意产业、商贸服务业、信息与软件业、大旅游产业、现代物流业、科技服务业、健康服务业共七大类。建立服务业集聚区统计直报制度,将现代服务业集聚区名录、建设和发展情况、投资效益情况、入区企业情况、引进人才情况等作为重要内容,进行动态跟踪和监测,并将集聚区的建设和发展纳入对各级发改部门的年度考核内容。

案例简析 >>>

随着城市功能定位的优化调整和服务经济快速发展,杭州以推动主城区"退二进三"为抓手,改造新建一批特色鲜明、主业突出、功能完善的创意园区、服务外包基地、商业特色街区、科技园等现代服务业集聚平台,成为推动全市服务业集聚发展、创新发展、融合发展的重要载体,服务业综合实力位居全省首位和长三角城市前列。2017年杭州实现服务业增加值7857亿元,占生产总值62.6%,成为继北京、上海、广州和深圳之后,第四个经济总量过万亿元且服务业占比超过60%的副省级以上城市。

(以上案例来源:由浙江省工信院根据网络公开资料自行整理。)

◆ 本章小结

本章主要讲述了近年来浙江省以"腾笼换鸟、凤凰涅槃"重要论述为引领,在农业、工业和服务业领域的生动实践,以及探索形成的典型经验。

农业领域:浙江农业在推进"腾笼换鸟"的过程中,以现代农业、高效生态农业发展为主线,通过强化顶层设计,积极发展现代生态循环农业,全域推进农业绿色发展;开展农业"两区"建设,推动"旧笼"换"新笼";注重推进"科技兴农",强化农业机械化、设施化、智能化应用;推进"农业+"融合发展,丰富农业新业态,使浙江传统农业增添了绚丽的现代色彩,擦亮了现代农业"名片"。

工业领域:浙江工业持续推进"腾笼换鸟",加快新旧动能转换,主要通过突出"破",深化"亩均论英雄"改革、淘汰落后产能等来"腾空旧笼";突出"新",打造高能级平台载体,提升企业创新能力,增强发展新动能;突出"调",实施数字经济"一号工程",推动传统产业改造提升,调整产业结构,培育现代化产业集群;突出"育",培育产业链龙头企业、"专精特新"企业,构建大企业与中小企业融合发展的企业梯队;突出"质",通过数字化赋能、绿色制造、质量品牌提升,推动发展方式升级,让有限的资源发挥更大的效益;突出"聚",在全国率先打造特色小镇、小微企业园等产业平台,为引来"金凤凰"打下基础;突出"活",深化"最多跑一次"改革、推进长三角一体化等,营造优良营商环境,增强工业发展活力。一系列举措促进了产业结构调整、经济增长动力、发展模式、产业形态变迁、资源配置的"五大转变",厚植了浙江工业发展"优势"。

服务业领域:浙江服务业在"腾笼换鸟"过程中实现了高质量发展。主要围绕打造现代服务产业新体系,注重开展服务业"亩产效益"评价,什么样的"鸟"该"腾笼",由"亩产效益"说话,实现科学"腾笼";将"腾笼换鸟"与现代服务业集聚示范区建设相结合,加强合理布局和高效开发,引进培育吃得少、产蛋多、飞得高的"俊鸟";注重推动服务业数字化、智慧化、平台化和产业跨界融合,做精"浙江服务";促进服务业高水平"走出去",拓展发展新空间。在一系列举措推动下,浙江"服务业版图"上,生产性服务业呈快速发展态势,生活性服务业向便利化、精细化、品质化升级,一批服务业新技术、新业态和新商业模式不断涌现并发展壮大,打出了浙江服务业"招牌"。

◆◆ **思考题**

1.浙江在以"腾笼换鸟、凤凰涅槃"推动经济结构战略性调整和增长方式根本性转变的过程中,是如何处理好政府与市场关系的?

2.如何理解"腾笼换鸟、凤凰涅槃"与习近平新时代中国特色社会主义经济思想中关于产业高质量发展的价值取向、理论内涵、实现路径是一脉相承的?

3. 推进"腾笼换鸟、凤凰涅槃",是"先破后立"还是"先立后破"? 如何平衡处理好当前利益与长远利益的关系?

◆◆ **拓展阅读**

1. 兰建平.问道中国经济转型升级[M].杭州:浙江大学出版社,2015.

2. 杜平.浙江产业转型升级:困境与对策[M].北京:中国社会科学出版社,2015.

3. 黄先海,宋学印,等.产业转型升级:浙江的探索与实践[M].北京:中国社会科学出版社,2018.

◆◆ **参考文献**

[1] 兰建平."八八战略"15年[J].浙江经济,2018(14):19.

[2] 李昌先.腾换之间天地宽—我省持续实施"腾笼换鸟"优化供给侧结构[N/OL].浙江日报,2016-05-15[2020-07-06].http://zjnews.zjol.com.cn/zjnews/zjxw/201606/t20160615_1629122.shtml.

[3] 李广乾,陈畴镛,兰建平.数字经济引领浙江高质量发展[EB/OL].(2019-07-25)[2020-07-06].https://baijiahao.baidu.com/s? id=1640010011288290861&wfr=spider&for=pc.

[4] 兰建平.打造区域经济升级版[N].浙江日报,2014-05-09(1).

[5] 盛世豪,王立军.从"腾笼换鸟、凤凰涅槃"到高质量发展[N].浙江日报,2018-07-19(05).

[6] 刘亭,阎逸.腾笼换鸟 凤凰涅槃[N].浙江日报,2017-09-18(05).

［7］颜朝.浙江探索高质量发展:培育优等生　亩均论英雄［EB/OL］.（2018-12-24）［2020-07-06］.http://www.xinhuanet.com//2018-12/24/c_1210023317.htm.

［8］工业和信息化部中小企业局.轴承行业中小企业成批实施智能制造的"新昌模式"［EB/OL］.（2019-05-29）［2020-08-24］.http://www.miit.gov.cn/newweb/n1146285/n1146352/n3054355/n3057527/n3057534/c6979835/content.html? & tsrrfbkaywd.

［9］浙江省经济和信息化委员会."提高亩均效益十法"（一）腾笼换鸟法［EB/OL］.（2018-08-11）［2020-08-24］.http://www.pinlue.com/article/2018/08/1102/236759897211.html.

［10］陈畴镛,陈琦.浙江服务业发展的影响因素与对策分析［J］.杭州电子科技大学学报（社会科学版）,2006(1):21-26.

［11］翁建荣.服务业企业"亩均论英雄"要因地制宜、创新推进［J］.浙江经济,2018(19):10-11.

［12］何骏.现代服务业集聚区是加快我国现代服务业发展的突破口——以上海为例［J］.经济纵横,2008(03):25;79-80.

［13］杨文红.全球化背景下我国服务业发展前景前瞻［J］.人民论坛:中旬刊,2014,(4):109-111.

进一步发挥浙江的块状特色产业优势,加快先进制造业基地建设,走新型工业化道路。

——习近平同志 2003 年 7 月在中共浙江省委第十一届四次全体(扩大)会议上的讲话

推动网络经济创新发展,促进共同繁荣,促进世界范围内投资和贸易发展,推动全球数字经济发展。

——习近平总书记 2015 年 12 月 16 日在第二届世界互联网大会开幕式上的讲话

第三章 "腾笼换鸟、凤凰涅槃"重要论述: 拓展与升华

◆◆ 本章要点

1. 以浙江省先后实施的建设先进制造业基地、创建特色小镇、推进数字经济"一号工程"等三项重点工程为切入点,从创建目标、基本原则、实施路径、精神内涵等角度剖析"腾笼换鸟、凤凰涅槃"重要论述在三项重点工程中一脉相承的发展历程。

2. 深挖浙江实施三项重点工程的战略目标与特色内涵,从中破解浙江践行"腾笼换鸟、凤凰涅槃"重要论述,推动经济社会转型升级的应用逻辑。

3. 列举浙江在实施三项重点工程中的实际案例,分析习近平新时代中国特色社会主义经济思想的时代意义与实践价值,为破解中国经济转型升级难题提供蓝本。

第一节　建设先进制造业基地，推动产业结构调整

一、区别与联系：结构优化的新路径

浙江省委省政府提出"建设先进制造业基地"，是实施党的十六大确立的"走新型工业化道路"的战略举措，也是进一步提升产业发展水平、增强综合实力和国际竞争力的必然选择。"腾笼换鸟、凤凰涅槃"是推动区域经济结构战略性调整和增长方式根本性转变、促进经济从量的扩张向质的提高转变的重要战略举措。建设先进制造业基地与"腾笼换鸟、凤凰涅槃"在根本目的、实现路径、工作重点、制度保障等方面都体现了习近平新时代中国特色社会主义经济思想在各领域的相互交织、融会贯通。

从发展目标来看，"腾笼换鸟、凤凰涅槃"是推进经济结构战略性调整的重要举措，其根本目标是通过产业结构调整实现经济发展方式的根本性转变。制造业的转型升级则是实现这一目标的核心任务，打造先进制造业基地必然成为浙江经济发展的战略选择。2003年2月，习近平同志在台州、绍兴就加快先进制造业基地建设专题调研时强调，"建设先进制造业基地，必须进一步明确高新技术产业的主攻方向，培育具有重大带动作用的先导性、战略性产业；必须进一步加快传统产业的改造，大力发展高附加值特色产业；必须进一步扩大对外开放，全面提高制造业的国际化水平"。先进制造业基地的建设为实现"腾笼换鸟、凤凰涅槃"奠定了良好的产业基础与实践经验，有助于其战略目标的达成。

从实施路径来看，打造先进制造业基地与"腾笼换鸟、凤凰涅槃"都突出供给侧结构性改革，通过优化要素配置提升经济发展质

量。2002 年 12 月 2 日,习近平同志在浙江省经贸委调研并听取专题汇报时强调,"我们要把建设先进制造业基地作为推进工业化的重要战略任务,着眼全国大局,发挥自身特点,按照市场经济规律,因势利导,加大扶持力度;要建设硬环境,为推进我省制造业发展提供交通、能源、土地、通信等基础保障;要优化软环境,进一步加强政策引导,改善政府服务,提高办事效率,吸引更多的中外投资者和企业家来浙江创新创业"。与打造先进制造业基地类似,"腾笼换鸟、凤凰涅槃"对要素供给效率也提出了更高的要求。通过供给侧改革实现经济发展方式的根本性转变,有效破解了新旧动能转换、产能过剩与产业结构转型升级等发展难题。因此无论是"腾笼换鸟、凤凰涅槃"还是打造先进制造业基地,其着力点都在供给侧的调整。

从工作重点来看,打造先进制造业基地与"腾笼换鸟、凤凰涅槃"都注重创新驱动、扩大开放与动力提升。关于建设先进制造业基地,习近平同志于 2003 年 2 月在台州、绍兴就加快先进制造业基地建设专题调研时强调,"继续培育'五个一批'企业,重点培育一批大企业、大集团和'小型巨人'企业,同时积极引导中小企业向'专精特新'发展;做好做精重点产品,形成一批市场占有率全国第一的拳头产品和一批具有自主知识产权和国际竞争力的高新技术产品;进一步加强科技创新和技术改造,集中力量开发一批共性技术、关键技术,加快推进区域创新体系建设"。关于"腾笼换鸟、凤凰涅槃",2005 年 12 月 8 日,习近平同志在浙江省委常委会务虚会上指出,"我们在常常感受到'成长的烦恼'和'制约的疼痛'的同时,也切实增强了推进科技进步、提高自主创新能力、提升产业层次、实现'凤凰涅槃'的自觉性和紧迫感"。打造先进制造业基地与

"腾笼换鸟、凤凰涅槃"都对企业的自主创新能力和国际竞争力水平提出了更高要求,成为浙江增强经济发展动力的重要落脚点。

二、特色与内涵:产业升级的新平台

(一)先进制造业基地概念的提出

习近平同志于 2002 年 12 月 2 日在浙江省经贸委调研并听取专题汇报时提出,要全面学习贯彻落实党的十六大精神,紧紧抓住发展这个执政兴国的第一要务,大力实施科教兴国战略和可持续发展战略,走新型工业化道路,努力把浙江建成先进制造业基地。

跨入 21 世纪,浙江经贸工作取得了显著成绩,尤其是制造业发展快、基础好、潜力大,很多行业和产品在全国占有重要的地位,在许多方面创造了可贵的经验,发展的前景十分广阔。

从当时的实际情况看,浙江是有条件在全国率先基本实现现代化的地区。工业是经济发展的支柱,是现代化建设的主导力量,是综合实力和国际竞争力的主要体现。工业化是浙江提前基本实现社会主义现代化的前提条件和重要标志。面对经济全球化的趋势、新技术革命的挑战和产业转移的机遇,浙江必须按照党的十六大提出的要求,以信息化带动工业化,以工业化促进信息化,走新型工业化道路。就浙江而言,走新型工业化道路,必须大力推进制造业发展,这是浙江的特色和优势,也是推动浙江经济更快更好发展的潜力所在、希望所在。浙江要把建设先进制造业基地作为推进工业化的重要战略任务,着眼全国大局,发挥自身特点,按照市场经济规律,因势利导,加大扶持力度,进一步扩大总量,优化结构,增强实力,做专做精一批名牌产品,做好做大一批领跑企业,做优做特一批强势产业,做实做强一批特色园区,努力提高浙江的综合实力和国际竞争力。

为此,政府各部门要切实转变职能,为建设先进制造业基地创造良好的环境。要建设硬环境,为推进浙江制造业发展提供交通、能源、土地、通信等基础保障。要优化软环境,进一步加强政策引导,改善政府服务,提高办事效率,吸引更多的中外投资者和企业家来浙江创新创业[①]。

(二)建设先进制造业基地的战略方向

习近平同志于 2003 年 2 月 14 日至 16 日在台州、绍兴就加快先进制造业基地建设专题调研时强调,要以邓小平理论和"三个代表"重要思想为指导,全面贯彻落实党的十六大精神,围绕浙江省第十一次党代会和省委十一届二次全会提出的目标任务,大力发展高新技术产业和高附加值加工制造业,进一步提高制造业国际化水平,加快建设先进制造业基地,走出一条有浙江特色的新型工业化路子。

改革开放以来,浙江制造业快速增长,在国民经济中的地位不断上升,相当一批产业和产品的市场占有率、出口规模居全国前列,形成了一批在全国具有较强竞争优势的产业,一批在全国具有重要影响的块状经济,一批机制灵活、创新能力较强的骨干企业,一批市场占有率高的优势名牌产品,建设先进制造业基地具有良好的基础和条件,但存在的问题还很多。加快建设先进制造业基地,是浙江紧紧抓住国际产业分工格局变化带来的战略机遇,加快提升和发展制造业的客观要求,必须坚持以信息化带动工业化,坚持国际竞争力导向,坚持内外资经济互动融合,坚持从浙江实际出发,发挥比较优势,构筑竞争优势。

---

① 以上内容摘编自《浙江日报》,2002-12-03.

立足当时,建设先进制造业基地的主要目标是:到 2007 年,规模以上制造业销售收入占全国的比重以及工业制成品出口占全国的比重均达到 10% 以上;继续保持和不断强化纺织、服装、机械等产业的竞争优势,加快发展电子、医药、环保等产业,努力在重化工业领域取得重大突破,初步建立起以高新技术产业为先导,高附加值特色产业为支柱,高度国际化的先进制造业基地。

建设先进制造业基地,必须进一步明确高新技术产业的主攻方向,培育具有重大带动作用的先导性、战略性产业;必须进一步加快传统产业的改造,大力发展高附加值特色产业;必须进一步扩大对外开放,全面提高制造业的国际化水平。重点抓好以下几方面工作:做大做强骨干企业,继续培育"五个一批"企业,重点培育一批大企业、大集团和"小型巨人"企业,同时积极引导中小企业向"专精特新"发展。做好做精重点产品,形成一批市场占有率全国第一的拳头产品及一批具有自主知识产权和国际竞争力的高新技术产品。实施一批重大工业项目,发展临港工业,带动产业升级和企业发展。整合提升各类园区,形成一批布局合理、功能完善、主业突出、产业配套、管理规范、环境优美的重点工业园区和开发区。进一步加强科技创新和技术改造,着重抓好一批省级重点技改项目,集中力量开发一批共性技术、关键技术,加快推进区域创新体系建设。大力实施可持续发展战略,做好节水节能工作,推行清洁生产,大力发展环保产业,努力形成自然资源—产品—再生资源的循环经济①。

(三)浙江应建成怎样的先进制造业基地

什么是先进制造业基地？综合各方面材料,笔者认为,所谓先

---

① 以上内容摘编自《浙江日报》,2003-02-17.

进的制造业基地,一是要体现其先进性(质的方面);二是要体现其规模性(量的方面)。所谓先进性,就是说这个先进制造业基地要能够掌握和利用先进的科技手段,具有强大的科技创新能力、先进技术装备和核心竞争能力;在重要产业或领域有一批大企业或大集团,在生产、新产品开发、设计、技术创新、经营管理水平等方面成为该行业的排头兵;要拥有众多的国际知名品牌和一批具有自主知识产权的产品;要有与国际接轨的、全球化分工合作体系。所谓规模性就是指这个基地的经济总体实力比较强,其产品在世界市场上有较大的份额。作为先进制造业基地,必须符合以上两方面的要求与标准。如最早成为世界制造工厂的英国,1760年至1860年英国的制造业总量从占世界的1.9%上升到19.9%,几乎达世界贸易的四分之一,在其后的数十年中,英国的制造品曾一度控制了当时的世界贸易,几乎无人能与之争锋;而美国在19世纪80年代其制造业总量就超过了英国,1913年美国的工业生产总值相当于英、德、日、法四国的总和,到1971年,一些先进的制造业如飞机、小轿车及零部件等分别占到当时世界7.5%、4%和32.3%;日本在20世纪80年代中期,工业产值占世界的份额就达到10%左右。

浙江应建成怎样的先进制造业基地?从世界发达国家的情况来看,当时主要有两种类型的先进制造业基地:一是主要为企业生产机器设备的制造业基地;二是主要为消费者提供最终消费品的制造业基地。当时对浙江究竟要建成哪种类型的先进制造业基地有不同的看法:一种认为浙江面临经济全球化和新科技革命的良好机遇,要打造"先进制造业基地",就必须集中力量重点发展机器设备类制造业基地。因为与消费品类制造业基地相比,机器设备类制造业更能体现一个国家或地区的国际竞争力;只有有了机器设备类制造业基地,才谈得上真正建成了"先进制造业基地";另一种则认为,虽然机器设备类制造业基地更能体现一个国家或地区的竞争力、更"先进",但从当时浙江的实际情况来看,则还暂不具备建设机器设备类制造基地的条件。因为机器设备类制造基地毕竟对技术创新、人才素质的要求更高,因此,还是主要以建设消费品类先进制造业基地为好。笔者认为,后一种看法更符合浙江实际,其主要理由在于:(1)虽然经过改革开放多年来的努力,浙江的制造业发展已经有了一个很好的基础,2002 年全省制造业增加值占国内生产总值的比重已经达到 43.8%,制造业出口的比重为91.6%,但必须看到,浙江生产的产品主要还是以劳动密集型产品为主。如 2002 年浙江制造业在全国排名比重占 15% 以上的产品分别是:皮革毛皮羽绒及其制品(26.6%)、化学纤维制品(21.83%)、纺织业(21.76%)和服装及其他纤维制品制造业(21.27%)、文教体育用品制造业(15.89%)。(2)这些产业虽然已有很大的市场基础,但科技含量或附加值普遍还是比较低的(发达国家工业附加值一般达 50% 以上,而浙江只有 23.8%),普遍不具备非价格竞争优势;生产技术水平也相对落后。轻工业多数装备为 20 世纪 90 年代前的国际水平,不少地方用的还是 20 世纪五六十年代的织机。这些产业用高新技术加以改造,潜力很大。(3)从浙江的基础来看,中小企业为主的企业组织结构,民营经济为主的市场机制和块状经济优势,也更适合于建设以消费品类产品为主的制造业基地。(4)世界上通过对传统产业的改造而形成先进制造业基地的事例很多,如意大利的陶瓷产业等。因此,笔者认为建设有浙江特色的先进制造业基地,从浙江的实际出发,它首先应该是着眼于对传统产业进行改造的先进制造业基地;更能体现浙江在保持低成本竞争优势的同时,向差异型竞争优势转变的先进制造业基地;更能充分体现和发挥浙江人力资源等各方面优势的先进制造业基地[①]。

(四)浙江应如何建设先进制造业基地

习近平同志2003年6月24日在浙江省工业大会上强调,坚持走新型工业化道路,加快浙江先进制造业基地建设。他指出,建设先进制造业基地,是一项事关全局和长远的重大战略举措。各级党委政府和各级领导干部必须进一步增强责任感、使命感,振奋精神同心协力,开拓进取,扎实工作,加快建设先进制造业基地,推动我省经济社会发展再上新台阶。

会议明确,今后一个时期,浙江加快先进制造业基地建设要以"三个代表"重要思想为指导,认真贯彻党的十六大精神,坚持走新型工业化道路,以提高制造业国际竞争力为核心,以科技进步和体制创新为动力,促进产业集聚发展,推动制造业结构战略性调整,实现制造业跨越式发展和可持续发展,加快工业现代化进程,为加快全面建成小康社会,提前基本实现现代化奠定坚实的基础。

会议确定,浙江建设先进制造业基地的总体目标是:到2010年,基本形成国内领先,具有较强国际竞争力的先进制造业基地,成为我国走新型工业化道路的先行地区。在若干行业和区域形成一批产业规模、创新能力、出口规模居全国前列的全国性制造中心和国内重要的产业基地。到2020年,浙江制造业全面融入世界现代制造业体系,基本形成以高新技术为先导,高附加值的加工制造

---

① 骆建华.走富有浙江特色的先进制造业基地建设之路[J].浙江经济,2003(10):9-11.

业与现代装备制造业协调发展的国际性先进制造业基地。

会议强调,加快浙江先进制造业基地建设,必须坚持改造提升传统产业和发展高新技术产业并重,坚持以信息化带动工业化,坚持制度创新和科技创新,坚持个私经济和外资经济推动,坚持重点突破、整体推进,坚持可持续发展。

会议着重指出,建设先进制造业基地,是加快全面建设小康社会、提前基本实现现代化的关键性举措,是一项长期而艰巨的任务。各级党委、政府必须统一思想,提高认识,着眼长远,立足当前,把加快先进制造业基地建设的各项工作落到实处。着力做好三方面工作。

一是加强领导,形成合力。各级党委、政府要从实践"三个代表"重要思想的高度,落实领导分工联系制度和领导责任制,切实加强对先进制造业基地建设的领导。会后,省委、省政府将出台《浙江省先进制造业基地建设规划纲要》,各地、各部门要结合实际制订相应实施方案和贯彻意见,把先进制造业基地建设工作纳入各级政府和部门的目标责任制考核内容,切实做到政策到位、措施到位、行动到位。各级党委、政府要调动方方面面的积极性,集中方方面面的智慧,抓好组织协调,使各方面的工作围绕建设先进制造业基地形成合力,努力开创浙江工业发展的新局面。

二是突出重点,真抓实干。建设先进制造业基地是一项系统性很强的工作,工作量大,涉及面广。各级党委、政府和有关部门要善于把握关键,抓住重点,以点带面,推动工作。要做优做强骨干企业,做好做精重点产品,实施一批重大工业项目,整合提升各类工业园区,进一步加强技术改造和科学管理。

三是改善环境,强化支撑。环境是生产力,是竞争力,要加快建设先进制造业基地就必须坚定不移地加强环境建设,切实解决制造业发展中的一些瓶颈,努力构筑强有力的基础设施、人才队伍、政府服务等支撑体系。

三、探索与实践:构建协同创新新格局

(一)宁波的探索与实践[①]

2003 年,宁波市提出建设宁波先进制造业基地战略决策,切实推进宁波先进制造业基地建设工作,工业战线实施"七大战略",打造先进制造业基地。

1.信息化带动战略

大力推进信息技术在制造业中的广泛应用。加快推进以制造过程自动化、管理信息化、电子商务、计算机辅助设计为主要内容的企业信息化建设。通过五年时间,力争 98％以上重点骨干企业和 95％以上规模以上企业,建立完善的企业内联网和外联网。大力实施企业信息化示范工程,争取每年培育 25 家左右的示范企业。基本形成覆盖全市重点骨干企业、联接世界的信息基础。加快建立有影响力的工业行业性专业网站,构筑区域信息共享平台。

2.科技创新战略

构筑以企业为主体的区域技术创新体系,抓好以技术中心为主要形式的企业技术创新体系和运行机制、以产学研联合为纽带的科技成果转化体系、以行业技术创新为主要形式的产业共性技术开发体系、以中小企业为主要对象的技术创新中介服务体系和以政策法律为主要手段的政府技术创新调控体系。建立和完善风

---

① 宁波市经委.七大战略打造宁波先进制造业基地[R].2003-08-15.

险投资等金融政策支持体系。加强对引进技术的消化吸收,创新形成具有自主知识产权的产品和核心技术。加大研发投入,制造业研发投入(R&D)占销售收入的比重力争2007年达到2%左右。

3.大投入战略

完善投资增长机制,多元拓展投资渠道,大力引进内资、外资、民资等各类投资主体。继续保持工业高强度投入,加快高新技术产业化。建设一批市场前景好、产业关联度大、带动作用强的大项目,加快一批"百亿工程"施工进度,尽快发挥作用;推动一批50亿投资项目的调研、储备和启动工作。继续推进百家重点技改企业引进先进通用设备。继续发挥政府对企业技改的引导和支持作用,探索建立适应市场经济要求的技改管理新模式,完善技改支持服务体系建设。到2007年争取制造业累计新增投资达到3000亿元。

4.国际化战略

建立和完善开放型经济体系,积极探索招商引资工作新机制,加大招商引资力度,以结构优化和产业升级为目标,重视技术、资金密集型重大项目的引进,注重产业链配套,有针对性地开展对国外知名企业的招商引资活动。大力开拓国际市场,鼓励企业调整产品和市场结构,扩大外贸出口,争取到2007年,自营出口额达到80亿美元,占全省比重为28%。积极实施"走出去"战略,推动企业在国外建立生产加工、研发基地,发展境外加工贸易,扩大国际市场份额。

5.大集聚战略

坚持"统一规划、企业集聚、资源共享、整体优化"原则,突出专业特色,整合提升各类工业园区,促进制造业集聚,形成一批规模大、功能强、机制活、环境优、管理好、国际化的园区群体,使之成为新一轮制造业发展的大载体。高起点、高标准编制好园区规划。建立多元化投入、市场化运作、政府扶持、滚动开发的新型园区开发机制。重点建设一批综合工业园区和特色工业园区。大力促进中小企业按照垂直整合、水平分工的原则,加强企业联盟,实现集聚发展,提高中小企业的竞争力。主动接轨上海,充分利用宁波进一步扩大利用内资的机遇,瞄准国内大公司,引进并实施一批重大结构性项目,争取引进内资额度每年增长20%。

6.大企业战略

进一步深化企业改革,加快实施现代企业制度,鼓励更多的企业通过购并、重组、上市等多种方式做大做强。落实《关于加快培育和发展大企业(大集团)的若干意见》(甬政发〔2002〕98号),加快形成一批主业突出、核心竞争力强、带动作用大的大企业、大集团,形成10家左右发展态势好、年均增幅高,年销售收入超100亿元、利税超10亿元的优强大企业,20家左右年销售收入超50亿元、利税超5亿元的大企业。

7.可持续发展战略

贯彻实施清洁生产促进法,制定重点行业清洁生产评价标准,抓好清洁生产基地和工业园区试点。培育环保产业市场。加强工业用水定额管理,依法制定用能设备强制性能效标准,做好节水节能工作。完善资源综合利用鼓励政策,加大产业废弃物综合利用和再生资源回收利用力度。努力形成以资源节约型、清洁生产型和生态环保型为特征的制造业新格局。力争70%以上重点控制污染企业实施清洁生产,园区企业全面推行清洁生产;能源综合利用效率达到50%左右。

（二）湖州的探索与实践[①]

2003 年,湖州市认真开展了打造先进制造业基地的对策研究,明确发展重点和目标,科学制订规划和政策,扎扎实实地推进了打造先进制造业基地工作。

第一,构筑起打造先进制造业基地的工业经济结构调整和发展的新格局。制定并出台《关于打造先进制造业基地的指导意见》(湖委〔2003〕17 号)和明星企业、制造业龙头企业、特色优势中小企业、市重点骨干企业评定确认办法,组织编制 11 个打造先进制造业基地实施方案,从而使全市的工业经济结构调整在承接"二四二"方案的基础上,过渡到打造医药化工、新型建材、新型纺织、特色机电四大先进制造业基地和生物化学品、建筑新材、绿色竹木制品、优质水泥、品牌童装、特色纺织品、金属管道及不锈钢、光电器件及材料、特色机电产品、现代坐具等 10 个全国先进制造中心的新格局,并把打造先进制造业基地作为接轨上海、融入长三角、建设环杭州湾产业带的重要抓手。打造先进制造业基地,就是更注重质的提高,是走新型工业化道路的集中体现,是坚持科学发展观的具体行动。湖州市经委和德清县率先出台了控制高能耗、高污染项目上马的政策文件。长兴县继整顿耐火材料行业后,又着手整治蓄电池行业,对全县 112 家该行业企业勒令关停 32 家。

第二,以大项目建设和企业信息化为着力点,推进工业结构调整。2003 年湖州市工业性投入达到 131.95 亿元,同比增长 46.16％。3000 万元以上大项目 171 项,其中 5000 万元以上项目 94 项,1 亿元以上项目 39 项。省重点技改项目 22 项,全部开工建

[①]　湖州市经委.2003 年湖州市打造先进制造业基地工作主要特点和 2004 年工作思路[R].2003-12-31.

设,其中 18 个已竣工。投入新型纺织、新型建材、医药化工、特色机电和电子行业合计为 101.37 亿元,占总投入的 76.82%。加快企业信息化建设,强化用高新技术和先进适用技术改造传统产业,提高电子信息技术在机械传动和控制中的应用水平,大力推广CAD、过程控制自动化和 ERP 等。持续的高投入和企业信息化建设,使湖州市工业经济结构出现两方面变化,一方面新型纺织持续发展,纺织行业依然稳居全市第一大行业之位,依大纺织概念,1—11 月全市规模以上企业中纺织工业总产值占到 27.32%。另一方面,跟全国形势相同,出现重化工业特征。从 2003 年 8 月份开始,全市规模以上重化工业总产值有史以来首次超过轻工业,1—8 月全市规模以上工业总产值中重工业占 50.12%,轻工业占49.88%,近年来重工业占比持续微升,工业结构呈现从轻型制造业为主转向重型制造业为主的高级化趋势。

第三,突出打造特色优势明显的先进制造中心。对于 10 个中心的建设,湖州市根据实际情况,每年有所侧重。2003 年主要突出特色优势明显的金属管道及不锈钢、优质水泥、特色纺织品等。为打造金属钢管及不锈钢制造中心,金洲集团投资 2.6 亿元,引进国外先进的技术和设备,建设 630ERW 生产线,生产大、中直径直缝焊管;久立集团上了两个大项目,一是直径 219～508 毫米不锈钢焊接钢管排辊成型的自动焊接生产线,二是引进 3150 吨热挤压机项目,总投资 2.2 亿元。优质水泥项目进展良好,2003 年新开工的5000 吨/日的生产线 7 条,年生产能力 750 万吨,预计在建的新型干法回转窑全部投产后,年生产能力将达到 1574 万吨,是 2002 年水泥总产量的 1.3 倍。预计全年优质水泥产量占比由 2002 年的15%提高到 2003 年的 30%左右。特色纺织品的总体装备水平和无梭织机比重明显提高,无梭织机已占 25% 左右,约 1.75 万台。珍贝羊毛衫被评为中国名牌。童装产业联创品牌工作启动,成立了湖州织里童装发展有限公司,实施共创品牌和提升档次工作,并被中华商标协会确立为中国童装商标品牌基地。现代坐具工程建设加快,安吉被评为"中国椅业之乡"。

第四,强化工业园区平台建设。按照"禁、撤、整、改、扩"的方针,在全省率先制定了工业园区 6 项准入标准,即园区位于省、市中心城镇或工业重镇,园区所在区位优势明显、能成为区域经济发展龙头,园区规划面积大、招商引资势头好、发展潜力大,入园企业多、建设进度快、完成投资额多、投资密度高,园区专业特色明显,园区现有规划范围内农保田面积已调整,其新调整的土地利用规划已得到省里批准。对照这些标准,湖州市分 3 个层次清理整顿工业园区。原有的 49 个市、县两级工业园区,报批保留 23 个,整合 16 个,撤销 10 个;4 个乡级工业园区和 16 个村级工业小区全部撤销。

第二节　建设特色小镇,带动区域经济转型

一、区别与联系:区域转型的新载体

特色小镇建设是浙江加快新旧动能转换、促进经济转型升级的重要一招,是浙江大力实施创新驱动发展战略和引领经济新常态的有效举措。从"腾笼换鸟、凤凰涅槃"到特色小镇的创建,两者价值取向一致、理论内涵互容、实现路径相通,深刻体现了习近平新时代中国特色社会主义经济思想的要义。

从根本目的来看,"腾笼换鸟、凤凰涅槃"致力于促进经济发展

模式从量的扩张向质的提高转变,特色小镇是浙江为达成这一根本目的做出的创新性探索。21世纪以来,浙江经济的工业化、城市化、信息化、市场化和国际化进程不断加速,结构性、素质性矛盾和问题开始逐渐显现。所谓"腾笼换鸟",就是对现有产业优化提升,换来新的产业、新的体制和新的增长方式,让有限的资源发挥更大的效益,最终实现"浙江制造"到"浙江创造"的飞跃。随着经济增长模式的逐渐转变,特色小镇以其产业特色鲜明、要素集聚、宜业宜居、富有活力的发展优势担负起区域经济转型升级的特殊角色,有望成为践行"腾笼换鸟、凤凰涅槃"的新平台,有条件成为浙江经济高质量发展的新载体。

从实施路径来看,"腾笼换鸟、凤凰涅槃"与创建特色小镇都需要将破解空间资源瓶颈与要素制约作为重要实施路径。为打破粗放型发展格局,切实解决资源环境约束与高质量发展之间的矛盾,一方面需要进行低效用地清理,通过开拓发展空间实现"腾笼换鸟",另一方面要求推进产业脱胎换骨,通过新旧动能转换,实现"凤凰涅槃"。特色小镇是浙江破解空间资源瓶颈的一次重要探索,与"腾笼换鸟、凤凰涅槃"的实施路径不谋而合。在空间组织布局上,特色小镇坚持走资源集约利用发展路径,其遵循全域规划、资源整合、生态优先原则,致力于实现产业功能、创新功能、生态功能、文化功能、旅游功能和现代社区功能的协调统一与有机结合。

从价值取向来看,"腾笼换鸟、凤凰涅槃"与特色小镇建设都强调以人为核心的基本理念。"腾笼换鸟、凤凰涅槃"的基本理念是通过促进经济又好又快发展,不断提高人民生活质量和水平。2004年12月28日,习近平同志在浙江省政协九届九次常委会议上强调,"发展不能脱离'人'这个根本,我们仍然需要GDP,但经济增长不等于发展，必须明确经济发展不是最终目的，以人为中心的社会发展才是终极目标"。特色小镇"三生融合"新型城市化发展模式正好体现了以人为本的价值取向。特色小镇区别于开发区、工业园区及产业集聚区的一个重要特征在于，无论是历史经典产业类还是新兴产业类的特色小镇，都注重初始科技人文的选择与传承，强调传统文化与现代科技的有机结合。其打造的是集文化、旅游、产业、生活于一体的特色生产生活空间，致力于满足人的全方位生产生活需求，与"腾笼换鸟、凤凰涅槃"服务于人民的价值取向实现较好地契合。

二、特色与内涵：产城融合的新高地

（一）建特色小镇　谋发展高地

转型升级，是近几年浙江省经济发展的主线。在科技创新尚未取得重大突破、政策与制度创新的边际效益递减的背景和条件下，如何为转型升级注入新的活力？浙江全省上下正在掀起的"特色小镇"建设，是浙江省适应新常态而推出的一项新举措。正确理解浙江省委、省政府提出的特色小镇背景和内涵、建设的途径和要求，规划好、建设好、营运好特色小镇，努力寻求产业发展和空间布局的统一，而不是一哄而上争抢"特色小镇"的帽子，这是加快特色小镇建设的重要前提。

特色小镇建设本质上是一个产业问题。小镇的规划和建设，关键在于产业的科学谋划和定位。依托特色小镇，集聚创新资源、激活创新资源、转化创新成果，实现产业发展从资源要素驱动向创新发展驱动转变，这是特色小镇规划建设的根本。换句话说，小镇的规划建设，逻辑起点在于产业的选择，在于经济的发展。缺乏产业定位的特色乡镇，不应该是浙江省委、省政府特色小镇建设的重点。特色小镇建设，不能唱"空城计"，不能搞"空镇""鬼镇"，一个产业基础扎实、方向定位明确、发展路径清晰、政策措施有力的小镇，应该成为浙江省特色小镇建设的重点。

特色小镇建设的主体是企业，这是特色小镇建设的根本性问题。规划特色小镇，主要任务是实现小镇经济的可持续发展，主要动力机制是企业的成长。开展特色培育建设试点，不是小镇的行政级别问题，不是强镇扩权、高配领导干部问题，而是以创新的资源为导向，培育市场化机制的问题，要运用市场化机制实现可持续发展。小镇的建设，不是以政府力量，而是借企业的力量；不是基层政府再去办一个互联网园区，再设立一个融资性的平台公司等。以企业为主导，而不是以政府为主导，这是特色小镇以市场化机制为动力、实现可持续发展的必然选择。

特色小镇的典型特点是融合发展。融合发展是未来区域经济发展的主要特征。特色小镇建设的这种融合性，呈现的特点是多方面的。这种融合，至少体现在三个方面，一是产业间的融合，即一产、二产、三产之间的融合发展问题，产业间的协作和配套，成为这种融合的重要体现。二是产业内的融合。一产内部、二产内部、三产内部直接的融合和发展，体现出高度的信息化、高端化、系列化。三是产业的发展和城镇空间的布局之间，体现出宜业、宜居的特点，产镇融合发展、实现完美结合。

特色小镇的魅力在于持续的创新。创新是现代产业发展的主要特征，创新就是做"少数派"，就是与众不同，就是"任性"。特色小镇，要在特色上下功夫，就是在创新力的打造上下功夫。区域特色经济的发展，一两年其实不说明问题，五年、十年也只能说明一定的问题，真正说明问题的是 50 年乃至 100 年，只有做到持续的创新，才能成就百年老镇，魅力无穷。也只有百年魅力无穷，才能在历史上回味无穷。浙江要通过建设一批小镇，成就一段历史。

特色小镇规划建设，绝不是浙江省委、省政府给"一顶帽子、一笔票子"那么简单的问题。特色小镇规划建设的成败，根本的问题并不在于上级给的"帽子和票子"上，而是在市场上，在消费者的心坎上。地方政府在提出特色小镇规划建设目标的时候，必须把眼光放到市场中去考量。要在产业定位、技术支撑、制度创新等多方面，加以综合地谋划和推进，努力把科学理念引导好、产业基础培育好、技术支撑提供好、制度创新保障好。各个特色小镇的发展，要因地制宜，切忌千篇一律。在发展定位上，特色小镇是产业提升的新载体；在功能作用上，特色小镇是要素聚集的新平台；在空间环境上，特色小镇是"两美"浙江的新景区。

1.产业提升新载体

浙江，素以千年水乡古镇、块状经济强镇闻名。如今，梦想小镇、云栖小镇、财富小镇等一个个依托产业蓬勃生长的特色小镇，正焕发创业创新风采。以往拼吃苦、闯市场，"一遇雨露就发芽"的浙江草根创业，如今被注入更多创新、创意的力量。

特色小镇的规划和建设，关键在于产业的科学谋划和定位，目的是围绕产业实现转型提升。新常态意味着"有减有增"。当前，浙江正围绕信息、环保、健康、旅游、时尚、金融、高端装备制造等七大产业全面提升产业层次、优化产业结构，特色小镇这一独特的集聚模式为产业提升提供了全新的载体。

杭州云栖小镇围绕信息经济，发展游戏、APP（智能手机应用程序）开发、互联网金融、数据挖掘等产业形态。目前，这个小镇成立了全国首个云计算产业生态联盟，建设了超级孵化器，还吸引了阿里云开发者大会永久落户。他们的梦想是,将云栖小镇打造成为创业创新的天堂,形成完整的云计算产业链。

永嘉县桥下镇,教玩具产业特色鲜明、基础良好。永嘉目前规划约 3 平方公里打造"乐智谷"特色小镇,该项目以良好的教玩具制造产业为基础,拓展培育动力玩具产业,通过融入文化创意,衍生动漫产业,引导浙商回归,着力建设集研发设计、展示销售、游乐体验、创业孵化等功能于一体的产业集聚区,形成以时尚智造为引、以创意生活为核心、以休闲旅游为目的的特色小镇。

特色小镇的规划和建设,要和浙江省原有产业发展基础紧密结合起来。到 2015 年 3 月为止,浙江省已经拥有 117 个省级以上(含国家级)的经济技术开发区、42 个现代产业集群建设示范区、15 个省级产业集聚区,围绕这些生产力布局,已经出台了一批政策和制度。这些政策和制度对这些区域的发展也取得了较好的作用,关键在于结合新常态,要有新思维。要梳理研究现有经济政策与制度保障,按照新经济政策要求,该调整的调整,该完善的完善,该取消的取消。要以改革的精神边破边立、不破不立、先破后立,努力使特色小镇成为新时期"大众创业、万众创新"政策和制度洼地,用这种"洼地"效应,去成就特色小镇成为新经济的"高地"。

2.要素集聚新平台

依托特色小镇,集聚创新资源、激活创新资源、转化创新成果,实现产业发展从资源要素驱动向创新驱动转变,这是特色小镇规划建设的根本。特色小镇既不是行政区划的概念,也非园区概念。在产业集聚的同时,资本、人才等要素也要向特色小镇集聚,真正让特色小镇成为要素集聚的新高地、新平台。

在杭州市江干区,正在建设的智慧小镇与腾讯、浙大乐创会合力打造腾讯大浙产业园和乐创总部园,多家企业已经注册落地,大批专业人才开始入驻智慧小镇工作。云栖小镇已成为云计算技术开发的高地,各类开发者蜂拥而至,配套要素也随之而来。玉皇山南基金小镇,"车库咖啡"、政府性产业母基金、金融家俱乐部、基金研究员等配套一应俱全,吸引了大批基金公司入驻,未来五年内将引进和培育100家以上、辐射带动周边300家以上各类私募(对冲)基金、私募证券期货基金、量化投资基金及相关财富管理中介结构,管理资产额超5000亿元。要素集聚也为创业者提供了广阔的大舞台,政府的支持政策、平台的孵化功能也日益显现,创业者们纷纷奔着特色小镇而来。80后的李伟是尚妆网CEO,大男生做起了女性化妆品,他的成功靠的就是用互联网架起的平台。和他一样,一批"互联网+"的企业家迅速在杭州城西集聚起来。

通过特色小镇平台,招引大项目落地,促进创新要素集聚,特色小镇将打造成为产、镇、人三者有机融合的众创空间。浙江不少特色小镇不约而同提出"宜业、宜居、宜游"并重的构想,让创业生态与自然生态、文化生态和谐互动,让小镇和产业、人才共生交融。"这和传统小镇有着很大的区别,对产业集聚有着更大的作用。"浙江省发展规划研究院研究员秦诗立认为,特色小镇要在大众创业、万众创新方面走出新路,给创业者更多宽容、更多空间,提供更加肥沃的创业土壤。

特色小镇的规划和建设,要注重和都市经济圈的衔接。杭州湾"沿湾"产业带、温台"沿海"产业带、金衢"沿路"产业带,是浙江省先进制造业基地发展的重要空间布局。这些产业布局,是杭州城市群、温台城市群以及浙中城市群为支撑的重要体现,也是浙江省区域经济在世界第五大城市群——长三角城市群中的重要体现。如果把浙江省三个现代都市经济圈比作是三条珍珠大项链，那么一批特色小镇就是构成这三条项链的一颗颗绚丽多彩的大珍珠。串珠成链，即为特色小镇和都市经济圈的内在逻辑。

3. "两美"浙江新景区

瑞士小镇达沃斯，全球驰名，不仅风景旖旎，而且因为达沃斯论坛而名扬天下。如今梦想小镇、山南基金小镇等的名气也开始在国内外响了起来。因为这里同样有风景如画的办公环境，还有"互联网＋"时代的创业热潮。整齐的办公楼，依山傍水的清新环境，让很多云计算技术开发者在此流连忘返，如今前来云栖小镇参观的人络绎不绝。

几公里之外的龙坞小镇则是另一番景象。虽然还处于前期规划阶段，但是龙坞小镇的基础非常好，茶园满山，一片绿色，本身就是一处美不胜收的景区。整个龙坞地区茶产业相关收入达到1亿多元，这里的老百姓基本上靠茶吃饭，同时龙坞地区以茶为卖点的旅游在杭州也是相当出名，2014年接待游客超过了20万人次。

当前推进特色小镇建设，要深刻理解科技变革和产业革命所出现的新机遇和新挑战，紧跟现代产业演进的客观规律。结合浙江省创新驱动、两美浙江、提前基本实现现代化建设的战略目标，更要瞄准七大万亿产业培育目标，深刻研究，着力提出这些产业发展的生产力分布目标，努力做到产业发展与空间布局的完美统一。①

三、探索与实践：实现互补错位新发展

---

① 兰建平.建特色小镇谋发展高地［N］.浙江日报,2015-03-31(9).

（一）特色小镇的差异化产业选择

特色小镇有别于行政建制镇,其本质上是一个产业选择问题。特色小镇设立的关键在于产业的科学谋划和定位,推动小镇特色产业差异化发展。

1.特色小镇的主要功能

特色小镇是指以产业为核心、以项目为载体、生产生活生态相融合、具有独特精神气质与文化风味的特定经济区域。特色小镇有别于开发区、行政区划、产业园区等,也区别于传统行政意义上的镇街,是浙江省委、省政府根据浙江独特的产业特色、空间结构、文化积淀等,顺应新科技革命和产业变革的趋势,实现创新驱动发展,所提出的浙江经济社会发展的新地方战略,是适应新常态的一项新举措。规划建设特色小镇,根本目的在于促进浙江全省经济平稳健康发展,加快产业转型升级。2015 年《浙江省政府工作报告》明确提出,"按照企业主体、资源整合、项目组合、产业融合原则,在全省建设一批聚焦七大产业、兼顾丝绸黄酒等历史经典产业、具有独特文化内涵和体验功能的特色小镇"。

从功能上看,特色小镇主要有三大功能:

一是促进产业集聚。特色小镇是产业创新的重要载体之一。建设工业特色小镇,从当地实际出发,培育特色优势产业,促进特色产业集聚发展;拓展延伸特色优势产业链空间,培育新型产业,促进产业创新和转型升级;同时,规划建设工业特色小镇,释放蕴藏在大众创业、万众创新之中的无穷创意,是创新驱动的 2.0 版和区域经济的新增长点。

二是提高小镇知名度。工业特色小镇建设赋予小镇体验和旅游功能,对发展体验经济、促进生态旅游起到助推作用,使特色小镇实现宜业、宜居的双重目标。特色小镇建设与旅游业融合,使目前的生态物质游向体验经济、生态文化游延伸,增强当地旅游业的活力和内涵,提升旅游品牌,带动其他相关产业发展,进而提高小镇知名度。

三是增强小镇活力,提升地方经济实力。工业特色小镇的"特色"经营,将带动商业设施完善和旅游业发展,培育出活跃的商贸业,增强小镇活力,加速"富民"的进程,通过高标准规划、高起点打造特色小镇,无论是环境设计、建筑外观、功能布局、能源利用,还是生活设施、现代服务,都从现代化、人性化角度着手建设,必将带动有效投资,创造更多的就业机会,改善居民生活环境,提高居民生活品位,提升小镇整体经济实力。

2.特色小镇的发展路径

浙江具有较好的特色产业基础和生态环境保障,各县(市、区)可以围绕有历史、有文化、有需求、有品牌的"四有产业",如丝绸、黄酒、茶叶等历史经典产业,选择本地特色或优势产业作为主攻方向,建设工业特色小镇,加快传统产业现代化步伐;也可以抓住新科技革命的机会,无中生有,紧紧围绕新技术、新业态、新模式,新经济的"四新产业",不断导入创新要素,立足本地,集聚资源,发展特色小镇。

从特色小镇发展路径上看,主要有四大路径:

一是发挥小镇特色,彰显产业特色,围绕信息经济、现代金融、高端装备等新兴产业发展,依托浙江电子商务优势,在软件设计、信息服务、大数据、云计算、科技金融、智能装备等领域打造特色小镇,培育发展数据挖掘、信息服务、互联网金融、智能制造等产业形态,集聚天使投资基金、股权投资机构、财富管理机构。如杭州梦想小镇、云栖小镇、基金小镇、机器人小镇，宁波海洋金融小镇，嘉兴互联网小镇等。

二是围绕历史经典产业，培育文化特色。重点围绕茶叶、丝绸、黄酒、中药、青瓷、石雕、文房等历史经典产业发展，依托浙江得天独厚条件和卓越内在品质，挖掘历史文化、民俗文化、海洋文化资源，提升文化品位，培育产业文化特色，构建传承独特地方文化的产业发展载体，打造技艺精湛、文化特色鲜明的特色小镇。如绍兴黄酒小镇、诸暨袜艺小镇、湖州丝绸小镇、金华江南药镇、衢州红木小镇、丽水画乡小镇、龙泉青瓷小镇等。

三是注重功能叠加，明确产业定位。培育和创建工业特色小镇，要明确产业定位，重点围绕产业特色做差异文章，围绕生态特色做环境文章，特色小镇的产业要聚焦于信息经济、环保、健康、时尚、金融、高端装备制造等新兴产业及历史经典产业，形成各自的产业特色与比较优势。培育和创建工业特色小镇，要注重功能叠加。在明确特色小镇战略性主导产业定位的基础上，创新理念，开发旅游、文化等多种功能，培育企业主体，突出产业配套，形成产业、文化、旅游、时尚和健康等功能的叠加效应，打造独特的生态特色。如杭州龙坞茶镇、临平艺尚小镇、桐庐健康小镇。

四是注重融合发展，实现产镇协同。建设工业特色小镇要符合产业融合与产镇融合的发展要求。实现产业间和产业内的融合发展，小镇特色产业不仅与其他一产、二产、三产融合发展，实现产业间的协作和配套，而且在特色产业内部与创新要素相互联系、相互渗透，形成融合发展，体现高度信息化、高端化和系列化。实现产城（镇）融合发展，即特色产业发展与小镇空间布局要协调统一，形成生产、生活、生态融合发展。

3. 工业特色小镇的科学谋划

特色小镇有别于行政建制镇，其本质上是一个产业选择问题。通过培育和扶持产业的可持续发展，来支撑地方经济的持续增长。因此，特色小镇设立的关键在于产业的科学谋划和定位。创建特色小镇需要思考"靠什么立镇""靠什么留人""靠什么创业""怎么建成一个特色小镇"等问题。工业特色小镇建设的根本是按照产业发展和空间布局协调统一的原则，集聚和激活创新资源，推动小镇特色产业差异化发展，打造浙江"创业创新"的新的生态系统，有力促进全省工业转型升级，这里，需要重点把握以下四个方面问题：

第一，加强工业特色小镇建设的规划指导。加强工业特色小镇规划引领，按照城镇一体化要求统筹思维，进行顶层设计，明确特色小镇建设总体要求、功能定位、发展思路、具体目标以及可实施的重大举措。工业特色小镇规划要结合浙江产业发展基础，突出特色小镇的产业发展特色，抓好空间布局和产业谋划，每个小镇聚焦一个产业，围绕一个产业做好项目组合，包括一、二、三产项目组合和生产、生活、生态项目组合，并注重与四大都市经济圈的衔接，彰显文化内涵、创造体验功能，使特色小镇规划更具备科学性和可操作性，同时制订量化可行的建设计划，明确投资规模和投资主体。

第二，推进工业特色小镇建设的创新突破。工业特色小镇建设和运营需要新理念和新机制，需要关键领域的创新突破。重点推进特色小镇建设的领导体制创新、工作机制创新和激励举措创新，加强以土地、人才、融资为重点的资源要素领域创新，实现以道路交通为重点的基础设施领域突破，以教育、医疗、社会保障为重点的公共服务领域突破,以及特色小镇建设示范带动的突破;探索建立资金和人才保障机制,促进特色小镇经济持续发展;创新小镇后期业态招商机制和小镇居民招入机制,引导工业特色小镇真正成为聚合资源和人气、提升特色产业的新载体,谋划集聚创新要素的新平台,打造展示形象的新景区。

第三,加快工业特色小镇建设的项目落实。落实建设项目是特色小镇培育发展的关键环节。重点是明确特色小镇建设项目,加大招商引资力度,以产业生态思维运作特色小镇建设的各个项目。建设项目要"选得准、立得住、长得大、撒得开"。特色小镇建设,首先要选准项目,项目不仅能够在小镇扎根,成长性优,具有良好的可持续发展的综合效益,而且带动性要强,能够辐射小镇整体经济发展、引领示范小镇产业升级。加快推进在建项目,抓紧谋划项目招商,加大招商引资力度,以产业链思维运作特色小镇的各个项目,通过产业纵横联系,把特色产业延伸到餐饮旅游、文化等行业,提高特色小镇建设项目及其产业化的集聚、配套、融合发展综合实力。

第四,加大工业特色小镇建设的政策支持。工业特色小镇建设要坚持企业主体,做好政策供给保障等服务工作。特色小镇建设周期长、投资大,在融资、人才招商等方面存在一定困难。要加快出台并落实《浙江特色工业小镇建设实施意见》,创造性地开展工作,坚持企业化投资主体为主导,制定相关政策,在项目审批资金保障、人才引进、土地供给、技术支撑等方面提供更多的政策支持,促使特色小镇成为新时期"大众创业、万众创新"政策和制度洼地。与此同时,加强对特色小镇建设的政策措施研究,地方政府要加大政策处理力度,媒体要有针对性地策划特色小镇宣传,各有关职能部门要加大支持力度,共同谋划,实现特色小镇可持续发展。[①]

(二)地市创建特色小镇的探索实践:以杭州市拱墅区为例

近年来,杭州市拱墅区坚持以产业特色小镇为突破口,聚焦体制机制改革,实施规划引领发展,创新产业招商手段,全面优化营商环境,实现数字经济核心产业能级不断突破和企业科技创新能力持续提升,构建起一批以数字经济为主打品牌的特色小镇,打造了一批具有国家、省市影响力的产业群、企业群、品牌群。目前,该区已有智慧网谷小镇、运河财富小镇、汽车互联网小镇、上塘电商小镇四个省级特色小镇,2019年11月24日《人民日报》头版以拱墅区智慧网谷小镇加快推进新旧动能转换为样本进行了报道。

1.推进体制机制创新,不断破解小镇发展要素制约

以"亩均论英雄"改革为着力点,打破土地、人才、资金等要素制约,将更多的城市空间让位给产业发展,同时改革优化特色小镇管理运营机制,汇聚内外之力推进小镇高质量发展。

第一,构建一体化管理机制。在管理机制上大胆改革突破,由副区长担任小镇镇长,打通街道和各小镇之间的管理壁垒,加大统筹协调力度,实现区内产业平台"一盘棋"推进;明确土地出让、方案设计、项目审批等开发责任,经营性用地由指挥部全流程负责、留用地由属地街道全流程负责,实现开发建设"一张图"实施;小镇管委会全面组织产业招商、人才引进、重大活动等管理服务事项,制定招商引智目标任务及考核细则,落实各类服务举措,实现小镇"一站式"运营管理。与此同时,改变留用地由村经合社为主开发

---

① 兰建平.建设工业特色小镇 加快转型升级发展[J].浙江经济,2015(19):16-17.

的模式,实施全区统筹开发,推进优化布点、前期谋划、项目建设、重点招商、清理提升"五个一批"工程。

第二,践行"亩均论英雄"改革。落实企业"亩产效益"综合评价,推进资源要素市场化配置改革,促进小镇高质量发展。如在建设智慧网谷小镇上,以较大规模的创新型产业用地鼓励发展数字经济核心产业,大幅提高投资强度、亩均税收以及产值等方面的产业准入标准,引进行业领军企业,促进工业用地集约利用和产业提质增效;完成工业企业"亩产效益"综合评价,确定顺丰速运等3家现代物流业企业、汉嘉设计等5家科技服务业企业为行业"领跑者"遴选企业;以开展省电力直接交易试点为契机,重点支持中美华东等企业降低用电成本;以"亩产税收"为标尺,为106家企业减免土地使用税1182万元。

第三,实施"智囊助力"计划。设立10亿元运河英才创业创新基金,在小镇开发建设和企业招引过程中同步实施"智囊助力"计划,引进人才最高可享受1500万元项目资助,相继引进蒋昌健教授团队、中科院微系统所团队、浙大系技术团队、全国脑外科专家卓敏团队等高精尖人才,其中,智慧网谷小镇集聚"国千"人才9人、"省千"人才12人、数字经济领域专家学者超千人,打造的全市首个国际人才创业创新园(拱墅园区)已引进德中卫生组织华东区总部、中德生物基新材料研发中心等国外高端项目20个。

2.实现"三个突破",全面提升小镇核心产业能级

坚持"以规划定产业、以产业定招商"的发展思路,精准定位小镇核心数字产业和功能布局,强化产业链精准招商,在集聚产业链核心资源上实现重大突破。

第一,突破小镇规划设计层级。以大视野大格局为产业小镇

规划定调,区级层面编制特色小镇三年行动计划,建立土地规划、重大项目招商、重点项目建设、人才培育、财政专项扶持、引导基金等要素保障体系;由各小镇制定自身发展规划,如智慧网谷小镇聘请仲量联行、中国美院、浙大城规院、长城战略咨询等国内外知名机构编制小镇城市规划、概念规划、产业规划、景观设计、控规文本等。同时打破层级限制,实施省市区三级联动开发模式,联合省国企杭钢集团、市国企运河集团,共同推动智慧网谷小镇、杭钢祥云慧谷小镇的"两谷"联动开发建设,实现优势互补,打造大城北数字经济重大战略平台。

第二,突破小镇招商体制格局。出台《拱墅区投资促进工作体制实施意见》,强化专业化、市场化、平台化导向,建立起"全区统筹、条块联动、前后衔接、共建共享"的全过程招商引智工作体系,构建全区一体化大招商格局,并在人力、财力、资源上向特色小镇招商引智倾斜。健全完善区级领导统筹、招商资源统筹、招商政策统筹、目标企业信息管理、目标任务清单管理、考核激励等六大招商管理机制,编制特色小镇产业手册和产业地图,制定契合小镇发展的上市公司、长三角、珠三角等五大板块目标招商企业和小镇禁止类、鼓励类、发展类细分产业导向目录,实施小镇产业链精准招商。

第三,突破小镇产业定位能级。编制特色小镇产业链分析报告,精准定位小镇高能级核心产业。摸查小镇产业细分门类的企业数量、企业结构、重点企业清单、税收水平、高端人才引进等发展情况,编制特色小镇行业竞争力分析表,为小镇产业能级定位和提升提供参考依据。目前,智慧网谷小镇定位数字传媒、数字生活、数字健康、人工智能四大核心产业,引入新浪、360、联想、华为、中科院、招商蛇口、58 同城、蓝疆创新、浙数文化等互联网和数字经济龙头企业,致力打造"千亿级"国家数字经济产业园和杭州版"中关村"。汽车互联网小镇定位汽车智能研发、汽车后市场服务、汽车互联网出行、新能源汽车四大核心产业,集聚滴滴后市场服务总部、T3 出行等汽车互联网企业 1500 余家,致力打造中国汽车互联网第一镇。运河财富小镇定位数字金融、创投融资、区块链三大核心产业,引入金融服务企业 300 多家,已成为第 5 个中国商务区联盟会员单位,致力打造全省金融科技集聚地。

3. 抓实抓细"三服务",全面构建良好产业发展生态

以开展"三服务"活动为契机,以"最多跑一次"改革为抓手,强化政策扶持和企业服务,千方百计为小镇企业排忧解难,提振企业发展信心,着力打造一流营商环境,全面构建良好产业发展生态。

第一,不断深化"最多跑一次"改革。持续推进小镇"最多跑一次"改革,一般企业投资项目审批实现"最多 90 天",其中智慧网谷小镇必创项目实现 57 天开工。推进企业"一件事"全流程"最多跑一次",企业开办实现一窗受理、一趟到底、一日办结,并实现"同城通办"和公章免费刻制。在上塘电商小镇设立海关、商检五位一体办事处,小镇内电商企业海关通关等事项实现"跑零次"。持续推进办税便利化改革,实现企业纳税"一网通办",纳税次数压减至每年 7 次以内。全面实行建设、消防、人防施工图联审制,试行规划资源窗口"两书合一",推动建设项目审批流程再提速。升级"陪你跑一次"导办服务,商事登记取号后等待时间缩短到 5 分钟,50%以上的企业办事实现"秒叫号"。

第二,变"企业跑"为"专员跑"。建立由 300 多人组成的企业服务专员队伍,其中"大树"企业由区各部门副处以上干部、"小巨人"企业由各街道经济线干部作为服务专员。服务专员秉持"无事不打扰、有事叫必到"的理念,变"企业跑"为"专员跑",为企业提供"跑零次"的一站式贴心服务和一对一精准服务,目前已实现137家"大树""小巨人"企业服务专员全覆盖,并扩展到重点帮扶企业和重点推进项目。同时,在各小镇开展月度"一讲一帮一展示"、季度"一推一赛一培训"、年度"一评一研一论坛"的"九个一"企业服务专项活动,提供政策申报、资质认定、审批代办、资助融资等八大类优质服务,帮助企业破解"用地难""融资难"等要素制约。

第三,持续打好惠企扶持新政组合拳。出台特色小镇财政扶持政策,加大对小镇专业运营机构补助和平台内优质企业的扶持,对重大招引项目实施"一事一议"。构建"大树""小巨人"、科技创新、招商和楼宇新政、"凤凰计划"、618人才新政等立体式的产业政策体系,涵盖资金、土地、人才、教育等十大帮扶要素。支持小镇企业申报创建高新企业、科技型企业、研发机构、众创空间、科技孵化器,目前智慧网谷已引进"清华经管学院创业者加速器"等国家级孵化器2个,"联想人工智能研究院"等国家级企业研究院3个,省级研发(技术)中心12个。①

---

① 杭州市拱墅区府办.杭州市拱墅区以改革赋能激发特色小镇发展活力[R].
2019-12-17.

第三节　发展数字经济,激发创新动能转化

一、区别与联系:融合创新的新动能

数字经济是继传统经济之后的新经济形态,是驱动全球经济社会发展和技术变革的关键力量。与传统经济相比,数字经济将重构经济发展的结构体系、动力模式和运行方式。将发展数字经济作为"腾笼换鸟、凤凰涅槃"的重要抓手是践行习近平新时代中国特色社会主义经济思想的必然选择。基于产业升级、创新驱动、绿色发展等多角度对"腾笼换鸟、凤凰涅槃"与发展数字经济进行思考,可发现两者作为目标与手段是相辅相成、高度契合的。

从产业升级角度看,"腾笼换鸟、凤凰涅槃"的根本目的是加快推动产业结构调整,实现经济发展方式的根本转变。从基本形态来看,不断发展的数字经济加速了各行各业的数字化进程,是推动产业结构优化升级的重要环节。数字经济通过将信息技术与传统产业进行深度融合,实现对经济活动各个环节的升级改造。在生产端,通过物联网、工业互联网等技术显著提升要素资源配置效率,促使经济结构优化,推动传统产业改造提升;在消费端,通过大数据技术等技术对消费者进行历史数据分析与行为预测,为消费者带来更加满意的消费体验,引领产业结构的进一步转型升级。

从创新驱动角度看,提高自主创新能力,推动经济增长方式从要素驱动转变为依靠科技进步和提高劳动者素质的轨道上来,是"腾笼换鸟、凤凰涅槃"的基本路径。从行业前景来看,数字经济的快速发展必然推进各行各业的技术升级与模式创新,将成为激发社会经济创新活力的核心动能。数字产业化与产业数字化的必然

趋势就是数字信息、数字技术将转化为除资本、人力、土地以外的全新生产要素。数字技术与传统管理模式、制造模式相结合,将催生出新的、高效的管理手段、制造方法,从而促进新旧动能转换,最终实现经济增长模式从要素驱动型向创新驱动型的转变。

从绿色发展角度看,"腾笼换鸟、凤凰涅槃"对发挥有限资源的最大效能提出更高要求,这体现了绿色发展的基本思想。从资源配置模式来看,发展数字经济可作为节能降耗的有限手段,无疑是实现绿色可持续发展的重要途径。传统经济一般以自然资源作为主要生产要素,其快速发展也伴随着较大的能源消耗与生态环境恶化。而数字经济则以绿色生产要素为主,通过技术手段优化能源、物料、人力等资源配置方案,减少不必要的资源浪费,缓解生态环境的持续恶化。这与"腾笼换鸟、凤凰涅槃"坚持走绿色发展之路的理念相一致。由此可见,数字经济的发展特征符合"腾笼换鸟、凤凰涅槃"的发展理念,是浙江社会经济实现绿色发展的必然选择。

二、特色与内涵:动力转换的新引擎

(一)发展数字经济的现实意义

20世纪80年代,人们从奈斯比特的经典之作《大趋势》中,第一次听到了数字化、信息化。经过30多年的发展,我国已成为举世瞩目的数字经济大国、网络创新大国。习近平总书记在2015年乌镇峰会上,明确指出"推动网络经济创新发展,促进共同繁荣,促进世界范围内投资和贸易发展,推动全球数字经济发展"。进入21世纪以来,我国基于"数字中国"的信息化步伐不断加快,探索出了一条具有中国特色的互联网发展之路,为世界互联网发展做出了"中国贡献"、创造了"中国经验"、提供了"中国范式"。

　　根据第二届世界互联网大会发布的《中国互联网 20 年发展报告》,经过 20 多年的发展,中国网民数量规模已经跃升为全球第一。互联网经济占我国 GDP 比重已经达到 7％。未来一段时期,随着网络强国战略、国家大数据战略以及"互联网＋"行动计划等一批国家战略计划的实施,中国将继续走在数字与网络经济时代的世界前列。

　　数据已成为战略资源。当前,科技与经济深度融合已经成为经济社会发展最显著的特点,新一轮的信息技术与产业、经济和社会的深度融合使人类社会正逐渐走向数据经济的时代。当今,随着互联网技术的发展,数据的采集、存储和使用成本迅速下降,过去 50 年中,数据的存储密度增长了 5000 万倍,这使得数据成为匹敌土地、劳动力和资本的新的生产要素。随着,IT(信息技术)时代进入 DT(数字技术)时代,大数据日渐成为经济社会发展的战略性资源和资本要素,大数据时代正悄然来临。"大数据所代表的是当今社会所独有的一种新型的能力在以一种前所未有的方式,通过对海量数据进行分析,获得有巨大价值的产品和服务。"数字中国"事实上已经成为国家顺应科技革命和产业变革的重大战略举措。

　　网络已改变发展动力。习近平总书记在 2015 年世界互联网大会的讲话中提到,"以互联网为代表的信息技术日新月异,引领了社会生产新变革"。随着新一代信息技术创新加速突破,互联网开始广泛融入经济社会各领域,带来了深刻变革。美国的"工业互联网"、德国的"工业 4.0"、中国的"两化融合",都是在新时期寻求国家和民族发展的新的动力机制。

　　从经济发展来看,以网络经济为代表的新经济,已经成为国家创新发展的主要动力。从全球科技公司来看,前三名分别是苹果、微软、谷歌;从全国科技公司来看,前三名分别是阿里、腾讯、百度。在工业制造领域,数据应用将彻底提升工业效率,实现工业的智能化和无人化,实现"万物互联"。人类经济发展数据化、信息化、智慧化的特点越发明显。

在政府管理领域,基于网络构架的管理模式、网格化管理的服务模式,已经成为服务型政府的重要特征。政府作为社会公共事务的提供者,政府各个部门的既有数据库可以实现高效互联互通,以提高政府各部门间协同办公能力,提高为民办事的效率,大幅降低政府管理成本、提高服务水平。城市数字化领域,智慧城市已经成为现代城市的重要特征。各种数据与网络技术开始广泛应用于智慧城市交通、医疗卫生、环境保护等各个领域,有效促进了城市系统协调,推动了城市运行的高效化、精细化及智能化。

把创新驱动落到实处。"十三五"国家应把创新摆到更加突出的高度,数字化为新特征、网络化为新动力将成为这种创新实践的重要路径。随着中国网络强国战略、国家大数据战略、"互联网+"行动计划的实施,在云计算、大数据、移动互联网等新兴领域,中国将有机会与欧美等发达国家站在同一起跑线上,共享数据与网络带来的价值。

聚焦数字中国,寻求网络动力,大力发展基于互联网的信息经济时代,是贯彻习近平总书记在第二届互联网大会讲话精神,把创新发展战略落到实处的必然选择,也是"十三五"经济社会发展的重要逻辑起点。[1]

---

① 兰建平.数字改变中国 网络转换动力[N].浙江日报,2015-12-18(10).

（二）把握数字经济的基本特征

在投资越来越趋向边际效益递减、消费又没有完全起来、出口市场呈现逐年回落的大背景下，中国经济发展新的动力机制在哪里？这是近几年来，从中央到地方、从政府到市场、从大企业到小企业都高度关注的重大问题，努力寻求中国经济发展的新动力，促进中国经济第二个 30 年的持续、健康、协调发展，是中国经济必须破解的重大现实问题。

党的十八届五中全会提出了"创新、协调、绿色、开放、共享"发展的五大理念是适应新常态、引领新常态的重要指导思想。如何践行五大发展理念、加快推进供给侧结构性改革，为中国经济增长注入新的动力？

人类文明从农业社会进入工业社会以来，工业化的实现程度不断提高，尤其是科学技术的不断进步，成为工业化过程中具有标志性的事件。第一次工业革命，以蒸汽机的兴起和广泛使用为标志，大规模机械化生产使英国成为世界经济的中心，可以说"蒸汽机＋机械化"推动实现了英国的崛起。第二次工业革命，以电动机的兴起和广泛使用为标志，自动化生产使美国成为世界经济的中心，可以说"电动机＋自动化"推动了美国的崛起。随着历史的车轮进入 20 世纪 90 年代，第三次工业革命开始，21 世纪是以计算机的兴起和广泛使用为标志的第三次工业革命的关键时期，中国能否抓住这样的历史机遇，实现国家和民族的复兴？诺贝尔经济学奖获得者斯蒂格利茨曾经预言："在 21 世纪初期，影响世界最大的两件事：一是新技术革命，二是中国的城市化。"里夫金在《第三次工业革命》中描述，新技术革命除新能源领域的变革外，最重要的变革是计算机的广泛使用和迅速推广。"计算机＋信息化"的本质是数字化。

尼葛洛庞帝在《数字化生存》中指出，数字化生存是现代社会中以信息技术为基础的新的生存方式。其实，在很久之前马克思就强调：一门科学只有当它达到了能够成功地运用数学时，才算真正发展了。马克思这里所说的"运用数学"，不仅仅是运用数学的计算方法，而且也要运用数学的思维方法和论证方法。

在数字化环境中，人们的生产方式、生活方式、交往方式、思维方式、行为方式都呈现出全新的面貌。数字具有天生的流动性，如生产力要素的数字化渗透、生产关系的数字化重构、经济活动走向全面数字化。今天社会广泛兴起的互联网化，其前提就是数字化。传统工业社会的生产方式已经被打上了浓重的数字化烙印，如 3D 打印、个性化定制（DIY）等。而数字技术的不断渗透和融合，已经开始改变传统工业社会的物质生产形态。数字的本身开始成为重要的生产资料。数字化改变的政治、经济、社会等全新的方式，是对现实生存的虚构和模拟，更是对现实生存的延伸与超越。真可谓"网络改变社会、数字转换动力"实施创新驱动战略，转变经济发展动力，从数字化革命开始。

从社会特征上讲，自 20 世纪 80 年代奈斯比特在《大趋势》中较早提出"信息化"以来，日新月异的信息化进程，使人类社会逐步迈向信息社会。特别是 2016 年 3 月，谷歌围棋程序 AlphaGo 人机围棋大赛，韩国高手李世石败北，人工智能吸引了全球的眼光，信息化已经到了一个崭新的阶段。阿里研究院的高红兵院长指出，到 2049 年，"人工智能"将超过"人类智能"。回顾改革开放以来 40 多年的历史，从 ET（电子技术）、IT（信息技术）到 DT（数字技术），信息技术不断演进，深刻改变着这个时代，以信息化、"互联网＋"

为主要特征的科技发展,已经成为当下经济社会发展的主要时代背景。

传统工业社会,注重的是化"物",把产品生产出来,卖给消费者,是典型的"大生产、大卖场"。但现代社会注重的化"人",是越来越注重市场需求创造生产供给。在数字化背景下,这种以人为本的经济发展,可以简单地概括为"五化",即"碎片化、细微化、变动化、在线化、国际化"。

——碎片化的时间:由于科学技术的飞速发展,特别是新一代信息技术的发展,再加上高铁等交通工具的广泛使用,生产效率大大提高,生活方式大大改变,社会节奏大大加快。在现代社会的每一个角落,以各种移动的终端为载体,知识和信息的交流,呈现出anytime(任何时间)、anywhere(任何地方)的典型特征,时空上的碎片化,开始成为现代经济生活的主要特征。

——细微化的空间:从空间上,现代社会,无论是学习的场所还是生活空间,越来越呈现出细微化的特征。一个又一个精细的单元,组成了现代社会的网络。在经济行为活跃的各种高楼大厦里,每一个细小的电脑终端,都是一个无限广大的现代经济窗口。特别是在经济发达的现代城市里,人口密度高,经济活动频繁,是典型的"小单元、大经济",这些细微化的空间,是观察和研究现代社会的重要细胞。"秀才不出门,能知天下事",只有在当今社会才真正得以实现。

——变动化的节奏:变是唯一不变的规则,而且这种变动的节奏会越来越快,技术生命周期越来越短,迭代的周期越来越快。从20世纪60年代的摩尔定理的发现,到现代社会公认的互联经济三大定理,人们生活节奏的快速变动,已经成为现代生活的主旋律。

以至于现代社会,人们开始向往"想象中的慢生活",甚至这种慢生活开始成为一种奢侈品。

——在线化的交流:从 3G 到 4G、5G,人类社会开始逐步进入真正的信息化社会,现代生活空间,类似免费的无线网络等,已经成为重要的现代城市标志性特征。"分享"已经成为"十三五"的重要指导思想,被写入了"五大发展理念"。这种分享,体现在社会各个群体中,就是永远在网上、交流不掉线;随时随地 SHOW 一把,已经成为很多人的一种"活法"。随时在网上"晒"自己的学习、生活,和他人分享感悟,是这种交流的最明显的特征。

——国际化的视野:中国是世界的,世界也是中国的。改革开放以来,从经济活动中看,越来越多的中国制造,已经成为全球许多国家和地区认识中国、了解中国的主要渠道。2014 年首届互联网大会在中国乌镇召开,数字化的中国开始通过互联网向世界直播。一个企业、一个区域、一个国家和民族,要更加善于利用数字与网络技术,来加快国际化发展的步伐,这是顺势而为之举。

从"两化融合""两化深度融合"到发展信息经济,从满足市场、引领市场到创造市场,数字化为中国经济注入新的动力。要贯彻习近平总书记 2016 年 4 月在中央网信工作会议上的讲话精神,坚定不移地实施新"四化"工程:

一是数据化工程:要规划实施国家重大经济政府战略的数据化工程,重构中国经济的新范式。

二是平台化工程:现代互联网经济最大的特点就是平台化。要么利用平台,要么开发平台。"互联网＋",首先表现为平台化。要尽快建立起中国特色社会主义道路的各类经济平台,来支持大众创新、万众创业。

　　三是个性化发展过程：不断地细分市场，是市场持续发展最大的动力机制之一。如何适应这种细分市场的新需求？以个性化定制（DIY）为代表的生产方式，已成为蓝海战略的重要途径，虚拟技术和现实技术的不断发展，为个性化经济发展模式提供了广阔的空间。

　　四是网络化工程：相比于传统经济、社会、文化的传播方式，互联网有其独特的路径和方式，"一九原理""二八法则""赢者通吃"等，是互联网传播区别于传统传播最大的差别。

　　要努力写好"大、云、物、移"四篇大文章：

　　——大，大数据。信息社会，最大的生产资料就是数据，要统筹规划经济社会发展各领域的数据化路径，用数据化的手段，改变传统经济的发展方式。

　　——云，云计算。数据能否成为真正的资源，关键在于数据的挖掘，唤醒沉睡的大数据。让数据真正体现出经济价值，关键在于云技术、云计算。

　　——物，物联网。未来社会将是CPS（信息物理融合系统）的社会，物与物、人与物、人与人，世界是联系的，万物相联、互联互通，是一个必然的趋势。在生产领域，数字车间、智能制造，将开启一个物联网的崭新时代，并向社会各领域渗透发展。

　　——移，移动互联。所有的经济活动，如何更好地适应移动的时代？找到移动的商业模式，是传统产业改造必须要迈过去的一个坎，在一个快速、多维变化的空间里，基于移动互联的发展模式，是以用户为主导的经济发展模式必然的路径。

　　中国经济"十三五"，用数字化驱动，已经不是一个理论研究的问题，而是一个实实在在的动力转换问题。通过数字化转变，真正推进中国经济从传统工业社会的以经验主义为主导,进入现代社会以科学技术为主导的时代。

三、探索与实践:构建多元融合新范式

(一)浙江如何推进数字经济"一号工程"

1.数字经济路径探索

高质量发展数字经济,已经成为浙江再创开放发展新优势的重大战略抉择。2017 年 12 月 25 日召开的浙江省委经济工作会议上,时任浙江省委书记车俊强调把数字经济作为"一号工程"来抓,全面深化"数字浙江"建设。时任浙江省委副书记、省长袁家军提出深化供给侧结构性改革,加快构建以数字经济为核心、新经济为引领的现代化经济体系,以工业互联网、分享经济撬动经济数字化转型,以"互联网+"公共服务、基层四个平台撬动社会数字化转型,以打破信息孤岛、实现数据共享撬动政府数字化转型。2018 年 7 月 5 日召开的浙江省政府第八次常务会议上审议了《浙江省国家数字经济示范省建设方案》(以下简称《建设方案》)。围绕数字经济"一号工程"的贯彻落实,《建设方案》旨在准确把握全球数字经济发展态势,充分发挥浙江数字经济先发优势,聚焦聚力高质量、竞争力、现代化,积极再造经济新优势。根据目前最新公开信息,我们认为浙江未来发展数字经济,核心在于加快建设"三区三中心",突破八大重点领域,形成浙江省国家数字经济示范省的建设体系。

"三区三中心"即:全国数字产业化发展引领区、产业数字化转型示范区、数字经济体制机制创新先导区和具有全球影响力的数字科技创新中心、新型贸易中心、新兴金融中心。

一是加快突破核心技术。2018 年 7 月 13 日,习近平总书记在中央财经委员会第二次会议上强调,"关键核心技术是国之重器,

对推动我国经济高质量发展、保障国家安全都具有十分重要的意义，必须切实提高我国关键核心技术创新能力，把科技发展主动权牢牢掌握在自己手里，为我国发展提供有力科技保障"。的确，我们应该清醒地认识到，在信息领域我国的核心技术能力还有待提高，浙江作为创新发展高地，必须有所作为。这次《建设方案》提出，浙江要以数字基础研究、关键核心技术突破和产业化为重点，加快突破基础关键核心技术，推进之江实验室等重大创新载体建设，集聚数字经济高端科技人才，建设全球领先的数字科技创新中心。这正是浙江推进信息领域核心技术自主创新的决心和底气。

二是推动数字产业化。新一轮科技革命和产业变革的孕育兴起带来了数字产业的高速发展，使之成为数字经济发展的主战场。《建设方案》提出，浙江要做强云计算、大数据、物联网、人工智能等新兴产业，壮大集成电路、高端软件、通信与网络、网络安全等基础产业，布局区块链、量子信息、柔性电子等前沿产业，提升数字经济核心产业的规模和能级，成为引领浙江经济发展的支柱。同时，《建设方案》还指出，浙江要强化数字经济市场主体培育，加快形成多层次、递进式的企业梯队，努力打造世界级数字产业集群。我们认为，浙江在新一代信息技术方面一直具有先发优势，下一步必须发挥好创新驱动能力，真正意义上发展好数字经济新产业。

三是推进产业数字化。发展数字经济，更要利用新一代信息技术对传统产业进行"换血"和"重塑"，要释放数字对经济发展的放大、叠加、释放作用。在《建设方案》中，浙江提出要推进互联网、大数据、人工智能和实体经济深度融合。一是要推进智能制造，大力发展工业互联网和企业上云，"互联网＋制造"新模式，齐力推动制造业数字化转型；二是要发展数字文化创意服务、智慧化民生服务、数字化生产性服务，全面推动服务业数字化转型；三是要建设数字乡村，深入推动农业数字化转型。同时，《建设方案》还指出，浙江要大力培育数字化融合新动能，加快培育共享经济、发展融合型智能化新产品。

四是建设新型贸易中心和新兴金融中心。浙江数字经济的特色优势就是"活"，中国"新四大发明"中有两个都来自浙江，我们的电子商务、移动支付发展水平一直走在全国的前列。因此，《建设方案》提出，浙江要发挥数字经济比较优势，打造以数字贸易为标志的新型贸易中心和具有国际影响力的新兴金融中心，创新引领新经济发展，打造浙江经济"新名片"。

五是夯实数字经济基础设施。近年来，浙江的信息基础设施发展取得了显著成就，不仅实现了网络走进千家万户，网络服务水平也实现了质的飞跃。《建设方案》认为，下一步，浙江要加快建成高速宽带、无缝覆盖、智能适配的新一代信息网络和面向未来、先进适用、高效灵敏、坚实可靠的网络安全保障体系，网络能力和保障水平居全国领先水平。

六是加强数据驱动。当前，数据、信息、知识已经成为驱动经济发展的关键生产要素，集聚了强大的数字经济能量。《建设方案》认为，浙江要深入实施大数据发展战略，数据资源汇聚、开放共享、创新应用水平不断提升，大数据综合开发能力国内领先，形成数据驱动发展新模式。数据在浙江经济社会发展中的基础性、战略性、先导性地位已经越来越突出，未来更应抓住机遇，推动数据价值更大规模地得到释放。

七是推动开放协同发展。数字经济代表的就是新时代下的开放协同，2016 年二十国集团领导人杭州峰会上发布《二十国集团数字经济发展与合作倡议》，就是倡议将数字经济作为驱动全球经济共享发展的创新经济。《建设方案》提出，浙江要优化全省数字经济生产力布局，强化区域协调发展，围绕"四大"建设，建成"数字湾区"、数字化"大通道"、数字化"大花园"、数字化"大都市区"；深化开放合作发展，强化世界互联网大会影响力，形成数字经济开放协同发展新格局。这与国家战略是不谋而合的，浙江数字经济发展必然将为国家"一带一路"倡议等贡献智慧。

八是推动体制机制创新。创新是引领数字经济发展的第一动力，突破体制机制束缚是关键。近年来，浙江始终以体制机制创新为源头活水，数字经济发展不断取得新进展、实现新突破。因此，《建设方案》进一步提出，浙江要围绕提升制度供给竞争力，深化"最多跑一次"改革，推进数字政府建设，推动地方立法，构建包容审慎监管机制和多元治理体系，完善标准体系，形成适应数字经济发展的一流营商环境。

2.世界互联网大会平台

时光流转，初心不变。在互联网快速发展迭代的潮流中，世界互联网大会已经走过了七年。在这七年时间里，世界互联网大会经历了开创式的诞生，规模不断壮大、规格不断提升、成果越发丰硕、影响日渐深入的成长过程，可以说今天的乌镇，已经成为全球互联网这个世界的一艘"红船"。

其一，时光流转，大会一直在突破。

2014年，基于互联网产业蓬勃发展和互联网治理刻不容缓的双重背景，中国政府首倡世界互联网大会的提议被通过。这既是时代的必要性也是时代的必然性，世界互联网大会从此落户这个江南小镇。至今，峰会已举办六届。每一届峰会都在成长、进步、发展,也体现了乌镇鲜明的特点。

回顾前六届峰会,每一次都成为全球互联网事业发展的历史记忆和重要推动力量。第一届峰会呈现为四个"第一次"即:第一次由中国举办世界互联网盛会,第一次汇集全球网络界领军人物共商发展大计,第一次全景展示中国互联网发展理念和成果,以及第一次以千年古镇命名世界网络峰会。第二届峰会展现出了四个"更加"即:更加大的规模、更加广泛的代表、更加丰富的内容以及更加"智慧"的会议。第三届峰会以创新驱动、造福人类,共建人类命运共同体为主题,充分体现了互联网领域中国已经从理念和思想上成为"全球担当"。第四届峰会主题进一步突出,内容丰富、话题新颖,成果丰硕,贡献了中国智慧中国方案。第五届峰会着力凸显成果性文件和年度全球互联网领域顶级领先科技成果的发布,《世界互联网发展 2018》《中国互联网发展报告 2018》蓝皮书横空出世。第六届峰会聚焦"科学与技术""产业与经济""人文与社会""合作与治理"等重要板块,探讨与回应国际社会对 5G、人工智能、物联网等新技术、新业态发展的深度关切。可以发现,每一届峰会都在不断创新,不断突破。

其二,规格不断拔高,吸引全球目光。

首届峰会得到上百个国家和地区的上千位政经领袖学者的积极响应,国家主席习近平致贺词,国务院总理李克强出席会议并作主旨发言;第二届峰会层次更高、规模更大,国家主席习近平亲自出席并做重要讲话,有中外嘉宾比例约各占 50% 的两千多名嘉宾与会,其中有 8 位外国领导人、近 50 位外国部长级官员前来参会;第三届、第四届峰会更加成熟,习近平主席通过视频致贺词,共有来自五大洲一百一十多个国家和地区的总计一千五百余名代表参加峰会。可以说乌镇已经成为互联网领域的"联合国"。第五届、第六届峰会,更加突出领先科技成果的发布与展示,体现互联网迸发出的文明之光、未来之光和世界之光。

从"世界互联网大会"这一关键词的百度搜索大数据看,2014年11月16日为17598,2015年12月16日高达22399,而2018年11月7日更是高达50328。由此可见,世界互联网大会的反响日趋热烈,除了国内外主流媒体普遍关注峰会,普通居民也对世界互联网大会有较高认知。

其三,内容日益丰富,形式日渐灵活。

首届峰会就开设多个专题论坛,围绕多个议题,分别涉及网络安全与网络治理、网络文化传播、互联网创新发展、数字经济合作、互联网技术标准等前沿热点问题;第二届峰会新增了"互联网之光"博览会,充分展示中外互联网前沿科技和最新技术成果;第三届世界互联网大会更是增加了全球互联网领先科技成果的评选与发布环节,评选互联网科技发展领先成果;后续几届世界互联网大会在前三届的基础上不断完善、不断深入,引入智慧化服务项目,发布更多领先成果。

在第一、第二届峰会基础上,集全球互联网经济领域的众家之长,结合国家互联网事业的十三五规划研究成果,第三届峰会发布了成果性文件《2016年世界互联网发展乌镇报告》,该报告作为会议总结与未来互联网发展与治理的展望,引起各方高度关注与热烈讨论。从第四届峰会开始,连续发布上一年度《世界互联网发展报告》和《中国互联网发展报告》蓝皮书,客观全面展现世界各国的发展实力和发展特点,以及中国互联网的发展现状和未来的态势,为全球互联网治理贡献中国智慧。

其四,坚守信念,不变的是初心。

在首届世界互联网大会上,国家主席习近平在贺词中指出,"互联网真正让世界变成地球村,让国际社会越来越成为你中有我、我中有你的命运共同体,同时互联网发展对国家主权、安全、发展利益提出了新的挑战,迫切需要国家社会认真应对、谋求共治、实现共赢"。这句话道出了世界互联网大会的举办宗旨,即搭建中国与世界互联互通的国际平台和国际互联网共享共治的中国平台,其愿景是希望通过对话和沟通,谋求共同构建和平、安全、开放、合作的网络空间,探索建立多边、民主、透明的国际互联网治理体系。

纵观六届世界互联网大会,每一届峰会主题都是一脉相承,都旨在搭建全球性共享共治的"网络空间"。每一届峰会主题均在结合时代特征的基础上不断丰富"网络空间命运共同体"的内涵。我国在首倡世界互联网大会以及历届举办过程中,初衷从未改变,一直坚持搭建互联网共享共治的国际平台。

世界互联网大会已经七年了,每一次时针拨向"乌镇时间",都代表着一轮新的创新和突破。在聚众聚力、励志前行的路上,世界互联网大会一直坚守"互联互通、共享共治"的初心,一直致力于构建全球化"网络空间命运共同体",一直倡导"四项原则""五点主张"。

我们坚信,乌镇峰会的未来,一定更加光明。

(二)地市在数字经济领域的探索实践

1.杭州市余杭区推"双轮驱动" 谋"三化融合"

近年来,余杭在新兴产业发展以及传统产业改造提升的双轮驱动下,数字经济质量效益不断提升,制造业与互联网深入融合的智造强区格局初具雏形。

第一，聚力创新发展，加速形成数字产业化优势。

一是抢先发展数字产业。充分发挥阿里等龙头企业的磁吸效应，软件产业总量规模连续多年在浙江省县（市、区）中保持首位。区位发展特色优势明显，从未来科技城（海创园）挂牌，再到成为全国首批"双创"示范基地、城西科创大走廊核心区等，余杭已形成了全域数字产业格局。二是争先研发关键技术。作为全省全面创新改革试验区，依托浙大、阿里两座"金矿"资源，着力发展以"2＋X"为重点的创新平台建设，之江实验室、阿里达摩院、浙大超重力大科学装置等纷纷落户余杭，正全力打造创新驱动策源地。三是率先布局新兴产业。在人工智能、量子通信、虚拟现实、区块链、5G通信技术等重点前沿领域率先探索布局，中国（杭州）人工智能小镇，区块链产业园、独角兽企业园和孵化园也相继率先开园，吸引了浙大－阿里前沿技术研究中心、百度（杭州）创新中心等17个平台以及钉钉等100余家企业入驻。

第二，聚焦转型升级，加快产业数字化进程。

一是实施余杭特色智能制造路径。全面推进智能制造试点示范，制定实施《关于强化项目准入推进智能制造工厂解决方案服务工作的指导意见》，钱江压缩机、众望布艺、求是半导体等8个20亩以上制造业新项目已制定智能化改造方案，走出了智能制造的"余杭模式"；并对百余家已开展智能制造改造企业开展标准化评价，在工作方式、流程标准、服务联盟等方面为全省智能工厂建设提供可复制模式。二是坚持两化融合示范引领。通过"试点先行，示范引领"的方式，组织企业赴示范样板项目开展实地考察学习，会同专家分片区、分行业进行调研走访，面对面、点对点的指导服务企业实施数字化改造；与阿里云深度合作，促进企业"云上创新""云上转型"，培育"互联网＋"制造业新模式新业态。三是推进工业互联网平台建设。引进 supET 工业互联网平台落户余杭，推进工业互联网平台"1＋N"体系建设。启动实施"百千万"工程，推动量大面广的中小企业向新技术、新产业、新模式、新业态转型。积极招引北京索为系统股份有限公司，发挥其在解决工业技术水平提升的产业基础共性问题上的优势。

第三，聚心整合资源，加强城市数字化发展。

一是以"最多跑一次"改革为契机，推进"互联网＋政务"服务。不断深化"管家式"服务，项目受理后，第一时间明确项目管家，主动介入服务、全程掌控审批流程，按照时间节点制定详细的审批服务计划，今年已服务项目 200 个，项目审批平均提速 50％。二是以"城市数据大脑"为抓手，拓展城市服务管理新思路。由阿里提供云计算、大数据、人工智能等相关技术，配合余杭区推进城市数据大脑建设，合力推进在交通建设、科创园区管理、平安余杭建设、社会治理等方面的智慧应用，共同打造城市大脑升级版。

第四，聚集要素保障，夯实数字经济发展基础。

一是制定发展规划。先后制定实施《余杭区"十三五"信息经济发展规划》《中国制造 2025 余杭行动计划》等方案，研究制定数字经济发展的工作重点，明确路线图、时间表和工作举措。二是加强政策引导。出台"1＋N10"产业新政，全面优化提升营商环境，制定冠军企业提升培育计划，实施"时尚十条""冠军十条""独角兽十条"等扶持政策。三是吸引人才集聚。充分发挥梦想小镇、人工智能小镇等创新平台的集聚效应，吸引各类高端专业人才，同时积极开展数字经济高层次人才倍增计划，以人才集聚推动产业发展。

2.海宁市聚焦泛半导体产业　提升发展新动能

近年来,海宁市在发展数字经济中,把泛半导体产业培育发展作为重中之重。按照"一年起步、二年有形、三年见效、五年上规模"的目标,聚力加快培育和发展泛半导体产业。

第一,坚持深层次谋划,扎实起好步。

一是谋划顶层设计。围绕泛半导体产业发展,海宁市先后完成了包含"一个规划、一个意见、一套政策、一张招商路线图"在内的顶层设计。二是建立工作机制。建立了由"一个领导小组、一副工作班子、一个例会制度、一个顾问委员会"组成的工作机制。三是构建推进体系。基本构建了"3+2"平台建设、"1+N"基金扶持、"1+2"氛围营造及"1+X"招商专场推荐会等一揽子工作推进体系。

第二,坚持精准化施策,聚力出形象。

一是聚焦重点领域。海宁把半导体装备、核心器件、基础材料作为产业培育发展的三大重点领域,突出在为集成电路产业、半导体产业提供支撑上寻找切入点。截至 2018 年 9 月,全市共签约泛半导体产业项目 27 个,签约总投资 199.55 亿元,其中在建项目 11 个,总投资 67 亿元。二是聚焦平台建设。充分发挥好天通泛半导体装备及元器件产业园龙头带动、高新区零距离连接杭州下沙大学城支撑、尖山新区万亩千亿产业基地建设等优势,海宁经济开发区泛半导体产业园、高新区"杭州湾电子信息产业园"、尖山新区"泛半导体基础材料产业园"已初具规模。三是聚焦科技创新。加大引智力度,积极推进院所合作,联合建立泛半导体行业技术研发中心、测试中心和公共协同创新平台。启动海宁鹃湖国际科技城一期项目建设；中科院海宁先进半导体与智能技术研究院、浙江大学半导体晶体材料与设备研究院、武汉大学晶体生长材料研究院等已落户海宁；悉尼大学电子信息学院、英国帝国理工应用数据实验室等项目也在顺利推进中。

第三，坚持目标结果导向，确保早见效。

一是龙头企业引领。把"双招双引"作为重中之重，目前已引进京东方、中国电子、新华三、天通股份等行业龙头企业，并引进上下游关联企业，从而打造产业链。争取到航天五院、中国电科等企业及相关企业来海宁开展合作。二是产业基金引导。创新财政资金支持方式，变事后补为事前投，设立多个产业基金。目前已分别与韦尔股份、中科院上海微系统所、东方证券、海宁市财政国资成立了四支首期总规模22亿元的泛半导体产业基金。同时，尖山新区开发有限公司申请发行不超过14亿元企业债券，主要用于泛半导体基础材料产业园项目建设。三是创新项目用地。创新推出总面积175.4亩的海宁市级村抱团"飞地"项目，园区公司在十年内确保每年不低于10%的投资回报。创新推出了厂房租赁与定建相结合的模式。对新入驻项目，既可以考虑标准厂房租赁，也可以按照项目方提供的设计方案进行定建，实现拎包入住，目前2/3用地是定建方式。四是强化人才支撑。认真落实海宁"人才新政三十条"，对泛半导体产业领域高端人才来海宁创业的，项目启动资助额度可在现有政策基础上上浮50%；对泛半导体产业企业中从事研发或技术岗位的人才，直接作为重点产业紧缺人才予以认定等政策。

◆◆◆【案例 3-1】

认准"先进制造"　"飞跃"实现新飞跃

飞跃集团是全国缝制设备行业的排头兵,进入"中国驰名商标"和"中国名牌"之列。飞跃积极响应浙江省委省政府提出"打造先进制造业基地"的战略部署,从粗放型制造企业逐渐转型为规模效益型科技企业。作为装备制造业,飞跃能形成目前的规模和地位,关键就在认准"先进制造",依托"七大支撑体系",实现新的飞跃。

一、人才队伍支撑

人才的引进、培养是打造先进制造业基地的有效动力。一是公司将进一步强化人才战略,高度重视人力资源开发,把这项工作作为一条根本性的战略来抓。二是加大人才自主培养力度,通过请进来、送出去相结合,每年选送一批有培养前途的骨干,到国内外大专院校、科研机构、制造企业进修、学习和交流,以提高全员的整体素质。三是不断完善激励机制,使人才"招得来,用得好,留得住"。

二、技术创新保障

依靠技术创新增强企业核心竞争力,是打造先进制造业基地的关键所在。一是加快信息化技术的研究应用,依托国家级科技攻关项目"智能化缝制设备创新开发平台",实现制造自动化系统向柔性化方向发展。二是加大技术改造的力度,实现传统制造技术向高效化、敏捷化、清洁化方向发展。三是积极完善创新机制,研发投入占销售收入的比重显著提升,主动接轨世界缝制设备一流技术水平。

三、产品结构保障

抓住主业、延伸主业、拓展主业是打造先进制造业基地的有力保障。把握世界缝制设备发展方向,充分发挥日本、北京、宁波和本部研发机构的技术人才资源优势,延长产业链,涉足皮革、箱包、玩具、家居、交通工具、休闲用品等缝制设备领域,进一步拓宽发展空间,将自己定位于世界级成套缝制设备供应商。

四、市场网络保障

坚持全面参与国际合作和竞争,是打造先进制造业基地的基本途径。一是通过工业缝制设备高端产品和智能化多功能家用机的成功开发,投入市场,深度拓展欧美日等发达国家市场。二是创新利用国内外"两种资源"的方式,寻求与世界著名缝制设备制造工厂建立战略联盟,实现资源、市场共享。三是坚持国内市场与国际市场"一起抓、同步上"的营销策略,增设网点,创新手段,完善服务。

五、品牌建设保障

强化品牌建设,塑造国际名牌是打造先进制造业基地的重要抓手。目前飞跃"重视质量等于尊重自己"和"以诚信打造精品"等理念已深入人心,使产品具有强大的"生命力"。公司将在此基础上,全力实施"创国际名牌"这一既定战略,制定详细的培育规划,强化技术进步、产品品质、服务体系、营销策略、管理水准等环节,将"飞跃"打造成为在国际缝制设备领域上有高知名度和美誉度的品牌。

六、管理体系保障

实现企业信息化管理,对信息流、资金流和物流三流进行整合是打造先进制造业基地的切实保证。公司将加快与国际接轨,积极消化吸收国际上先进的管理成果，在现有基础上，全面推进、分步实施信息化管理工程，从而更加有效地控制资金流、物流、信息流和生产经营的全过程，提高企业管理水平。

七、资本运作保障

实现资本与产业的有效嫁接是打造先进制造业基地的强大支撑。根据市场需求和企业发展需要，盘活存量资产，优化资产结构，提高资产的质量。实现融资渠道多元化，按照现代企业制度和法人治理结构的要求，继续加强公司的规范化运作，适时从国内外资本市场融资，实现产品经营与资本经营相结合。

案例简析 >>>

进入 21 世纪新阶段，面对经济全球化和国际国内市场竞争日趋激烈的发展大趋势，浙江省民营经济的发展质量和水平亟待提升，正面临着努力实现二次飞跃的历史性任务。推动民营经济二次飞跃，要与建设先进制造业基地结合起来。政府的作用就是出题目，营造环境，而企业是主体。在全新的历史阶段下，"飞跃"围绕打造世界缝制设备先进制造业基地的目标，将自己的角色定位于世界服装成套加工装备供应商，进一步深度开拓全球市场。根据这一产业技术、资金、劳动三者密集型的特点，一方面要挖掘中国广阔的市场和发展中国家市场，另一方面要加大工业缝纫机高端产品的研发力度，拓展欧美日等发达国家。在这一过程中，要正视自己的竞争对手是谁，不足之处在哪里，通过消化、吸收、引进、合作等多种方式，缩短自己与发达国家制造商在员工素质、研发技术、营销策略、品牌建设、管理水平、资本运作等方面的差距，打响自己的品牌。

（案例来源：中国飞跃. 打造世界缝制设备先进制造业基地[EB/OL]. (2004-01-07) [2020-07-10]. http://www.feiyuegroup.com/news/html/？132. html)

◆◆ **本章小结**

在建设先进制造业基地、创建特色小镇、发展数字经济"一号工程"等多个领域,浙江以"凤凰涅槃、浴火重生"的决心与魄力积极探索实践、开拓创新,为全国经济转型发展贡献了浙江实践、浙江素材和浙江经验,引领浙江经济继续走在全国前列。

建设先进制造业基地是浙江制造业紧跟世界发展趋势、实现转型升级的一场深刻革命。自 2003 年确立加快先进制造业基地建设的战略部署以来,浙江积极发展战略性新兴产业、高新技术产业以及能支撑未来发展的大产业,加大传统优势产业改造提升力度,加快高耗能、重污染企业的淘汰整改,全力破除浙江制造业自主创新能力薄弱、过度依赖低端产业的发展瓶颈。通过先进制造业战略的实施,浙江在新型工业化道路上稳步迈进,在产业结构调整、创新要素集聚、新旧动能转化等方面成功实现"腾笼换鸟、凤凰涅槃",带动浙江经济实现跨越发展。

特色小镇建设是浙江推动供给侧结构性改革、走新型城镇化道路的重要突破口。自 2015 年特色小镇建设工作全面启动以来,浙江将特色小镇建设作为促进新兴产业集聚发展、传统产业转型升级、供给侧结构性改革的重要手段,推动新型城镇化建设、城乡融合发展的重要途径,打造传统文化传承与创新的重要载体,致力于实现"产、城、人、文"在特色小镇的全面融合发展。经过不断发展,浙江依托特色小镇建设吸纳了大量创业创新高端要素,实现了特色产业的集聚发展,打造了文化品牌建设的典型示范,打造了"腾笼换鸟、凤凰涅槃"的实践平台,基本形成了空间合理布局、资源高效集聚的区域经济发展新格局。

在现代化经济体系建设、高质量发展时代,数字经济成为浙江再创新优势的必然选择。面临新一轮科技革命和产业变革的历史机遇,浙江不断寻求生产力提升和生产关系变革的全新路径,在2018年将数字经济确立为省委、省政府工作的"一号工程",为政府、社会、企业转型发展提供全新思路。近年来,数字经济已成为推动浙江经济增长的主引擎,产业改革的主推力、创新创业的主阵地。数字经济以不断深化的融合应用、不断拓展的产业领域、不断链接的空间网络、不断优化的产业生态,成为浙江经济高质量发展的重要支撑,赋予"腾笼换鸟、凤凰涅槃"新的时代意义。

◆◆ **思考题**

1. 建设先进制造业基地对浙江经济结构的调整有什么重要意义?浙江如何通过创建先进制造业基地践行"腾笼换鸟、凤凰涅槃"重要论述?

2. 浙江创建特色小镇取得了哪些显著成效?创建特色小镇在哪些方面体现了"腾笼换鸟、凤凰涅槃"重要论述的科学性与必然性?

3. 数字经济是什么?它具有哪些显著特征?数字经济"一号工程"与"腾笼换鸟、凤凰涅槃"的关系是什么?

4. 在建设先进制造业基地、创建特色小镇、推进数字经济"一号工程"之外,浙江还开展了哪些重点工作对"腾笼换鸟、凤凰涅槃"重要论述进行拓展与升华?

◆◆ **拓展阅读**

1. 兰建平.求索区域经济转型样本[M].杭州:浙江大学出版社,2016.

2. 兰建平.跨越区域经济高质量发展[M].杭州:浙江大学出版社,2020.

◆◆ **参考文献**

[1] 浙江省中国特色社会主义理论体系研究中心.从"腾笼换鸟、凤凰涅槃"到高质量发展[N].浙江日报,2018-7-19(5).

[2] 本报记者.习近平在我委调研时提出 努力把浙江建成先进制造业基地[N].浙江日报,2002-12-3.

[3] 本报记者.习近平强调 发挥优势 突出重点 加快建设先进制造业基地[N].浙江日报,2003-2-17.

[4] 骆建华.走富有浙江特色的先进制造业基地建设之路[J].浙江经济,2003(10):9-11.

[5] 浙商发展研究院.走进浙江特色小镇[M].杭州:浙江大学出版社,2018.

[6] 张鸿,刘中,王舒萱.数字经济背景下我国经济高质量发展路径探析[J].商业经济研究,2019(23):183-186.

[7] 兰建平.世界互联网大会五岁了[J].浙江经济,2018(20):15.

[8] 省经信委电子信息办.余杭区推"双轮驱动"谋"三化融合"[R].2018-10-23.

[9] 省经信委电子信息办.海宁聚焦泛半导体产业 提升发展新动能[R].2018-10-23.

[10] 浙江省人民政府咨询委员会.腾笼换鸟 凤凰涅槃[EB/OL].(2017-9-18)[2020-08-24]. http://zjnews. zjol. com. cn/zjnews/zjxw/201709/t20170918_5118815. shtml.

浙江要坚持"腾笼换鸟、凤凰涅槃",加快新旧动能转换,跑出高质量发展的加速度。

——2020年4月1日,习近平总书记在浙江听取浙江省委和省政府工作汇报时强调

第四章 "腾笼换鸟、凤凰涅槃"重要论述: 浙江特色与经验

◆ 本章要点

1.浙江模式的特色:第一,民营经济的底色,浙江是市场化体制机制创新突破的先行者,具有敢于创新、敢为人先的浙商精神,长期以来致力于经济、社会、生态的和谐发展。第二,块状经济的特色,浙江块状经济大大推动了产业、人口集聚,当前在加速向现代产业集群跃升。第三,数字经济的亮色,浙江发展数字经济具备优势产业明显、技术创新活跃、融合运用广泛、网络技术扎实、产业资本融合、营商环境优良等优势,数字经济已成为浙江经济增长的新动力。

2.浙江模式的路径:第一,"智能化"路径:以数字经济再造浙江优势。浙江已成为数字产业化的区域样本,同时产业数字化又促进高质量发展,加上"互联网＋"新业态大力发展,企业加快实现"云化"的蝶变,不断重塑浙江发展优势。第二,"服务化"路径:以最优营商环境吸引优质资源集聚。浙江致力于营造全球化视野下的开放合作氛围,打造了以"最多跑一次"为代表的高品质政府服

务,大力推进"亩均论英雄"的企业综合评价,与此同时,积极建设公平竞争的市场环境。第三,"绿色化"路径:以生态建设倒逼产业升级。浙江在"绿水青山就是金山银山"理念指导下大力推进产业转型,积极建设提升小微企业园建设,引导小微企业的入园集聚发展,同时促进以特色小镇为代表的产城融合发展。第四,"自主创新"路径:构筑真正的核心竞争力。当前浙江深入实施科技创新驱动发展战略,打造具有国际竞争力的先进制造业基地,注重以先进标准引领质量提升。

第一节　浙江模式的特色

一、特色之一:民营经济的底色

时任浙江省委副书记、省长袁家军曾向全国介绍过新时代浙江的"七张名片",分别是"最多跑一次"改革、民营经济、"互联网＋"科技创新、绿色发展、开放大港、文化软实力和城乡协调发展,其中,民营经济是浙江发展的最大亮点,也是浙江经济最显著的特点。民营经济是浙江发展的不竭动力,是浙江改造提升传统产业、做大做强实体经济、培育新经济新业态的动力源泉。十多年来,浙江始终沿着"八八战略"指引的路子,高举改革大旗,以改革再创民营经济新优势,以改革优化民营经济发展环境,完善产权保护制度,激发民间投资活力,紧紧依靠民营企业家振兴实体经济,支持鼓励广大浙商创业创新、勇攀高峰,着力构建"亲""清"新型政商关系,推动民营经济实现新飞跃。

如今,浙江民营经济茁壮成长、蓬勃发展,具有"67789"的特征,以 2017 年为例,贡献了全省 65％的 GDP、74％的税收、77％的出口、87％的就业、91％的企业数量(见图 4-1)。2018 年中国民营企业 500 强中,浙江占 93 席,连续 20 年居全国各省份之首。阿里巴巴成立才 20 年,就进入了世界 500 强,成为互联网创新世界一流企业,2019 财年营收超 3768 亿元,双 11 天猫平台成交额达 2684 亿元、再创新高。2018 年前三季度,浙江省民营企业达 199 万户、增长 15.6％,实现工业增加值增长 8.7％、民间投资增长 17.2％、出口增长 11.9％、税收增长 24％。[①] 可以说,民营经济已成为浙江的核心竞争力,成为经济社会发展的重要引擎,成为推进供给侧结构性改革、推动高质量发展、建设现代化经济体系的重要主体,成为"两个高水平"建设的重要力量。

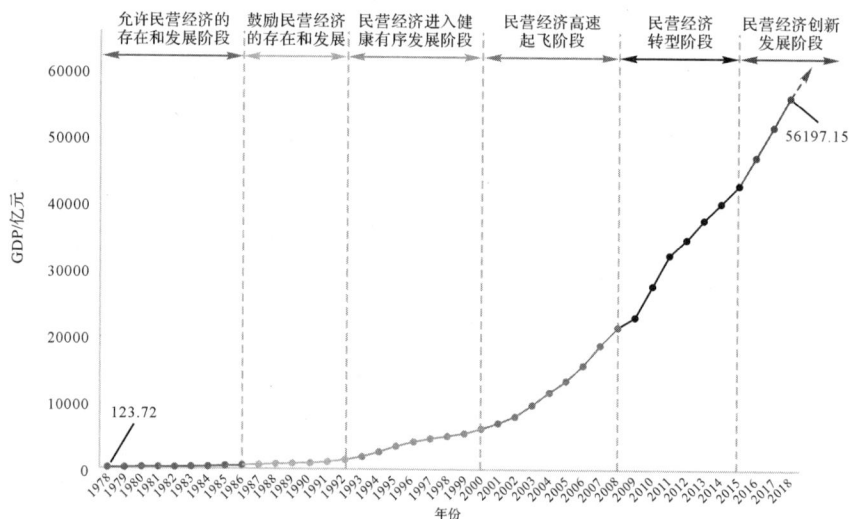

图 4-1　浙江民营经济发展阶段与全省 GDP 变化

(注:本书编写组绘制,部分内容参考自单东《浙江民营经济 30 年:发展历程与宝贵经验》,GDP 数据来自《2019 年浙江统计年鉴》)

---

① 袁家军.努力打造新时代浙江民营经济高质量发展"金名片"[EB/OL].(2018-11-30)[2020-07-10].http://zjnews.zjol.com.cn/gaoceng_developments/yjj/zxbd/201811/t20181130_8878983.shtml.

(一)体制机制创新突破的先行者

浙江是中国最早开始所有制结构变革的省份之一。20 世纪 80 年代,浙江在坚持公有制主体地位的同时,利用市场机制推动民间力量创办私营企业,率先推动市场化和民营化进程,出现了以"温州模式"为代表的小商品、大市场的民营经济发展主体。浙江民营经济具有自发自生、自组织等特点,是一种自下而上的草根经济,中国社科院农村发展研究所冯兴元研究员认为浙江模式很可能是哈耶克"自发秩序模式"的一种演进。民营经济在"浙江模式"的制度变迁中发挥了不可替代的重要作用。改革开放之初,计划经济下的市场自由极其有限,1979 年浙江工商个体户 8091 户,集体经济占全部增加值比重 60% 左右,非公有制经济比重不到 6%,而现在已形成了上述所提到的"67789"典型的民营经济结构,温州甚至形成了"8899"结构,即民营经济创造了 80% 的税收、80% 以上的 GDP、90% 以上的城镇就业岗位、95% 的工业产出和出口,是最典型的民营经济"富民强市"模式①。此外,全国第一家股份合作制企业、全国第一个支持股份合作企业发展的政策文件、全国第一家民营汽车企业、全国第一家民营商业银行、全国第一个小微企业金融服务改革创新试验区、全国第一条民资控股的高铁均诞生于浙江台州。

政府在民营经济的体制机制创新突破上给予了最大的支持和保障。改革开放初期,浙江私营经济开始萌芽,家庭作坊的兴起、乡镇企业的发展、股份合作制的首创等等,地方政府给予了保护性默许,采取基本肯定的策略,比如"允许试、允许看、允许改",个体

---

① 杜平,潘哲琪."浙江模式"的演进与丰富[J].治理研究,2019(5):68-77.

私营经济"不限发展比例、不限发展速度、不限经营方式、不限经营规模"等。随着市场经济的发展和完善,浙江地方政府呈现出从无为而治到积极有为的转变。进入 21 世纪以来,浙江省政府出台了鼓励支持和引导非公有制经济发展的实施意见、关于鼓励和引导民间投资健康发展的实施意见和实施细则、关于推动民营经济新飞跃的若干意见等一系列政策文件,在引导企业制度创新、放宽市场准入、推进审批制度改革、优化公共服务等领域,加快改善发展环境,促进民营经济转型。在鼓励民间投资领域等方面,坚持两个毫不动摇,"非禁即入",着力激发民间投资活力和创造力。总之,浙江政府根据环境变化不断调整适应、顺势而为,努力保持浙江在全国市场化改革中的领先优势。

改革开放 40 多年来,浙江先试先行、勇立潮头,大胆发展个体私营经济,从计划经济向市场经济转轨,民营经济如雨后春笋、异军突起,走出了富有浙江特色的发展道路。进入 21 世纪,习近平同志到浙江工作,始终坚持"两个毫不动摇",提出了"腾笼换鸟、凤凰涅槃"的发展思路,腾出更多资源和空间,鼓励民营经济发展与转型。2018 年,中共浙江省委办公厅、浙江省人民政府办公厅印发《关于进一步促进民营经济高质量发展的实施意见》(浙委办发〔2018〕83 号),围绕进一步提升民营经济创新能力、加大民营经济金融支持、优化民营经济人才政策、保障民营经济发展空间、推进民营经济降本减负、保障民营经济合法权益、促进民营经济公平竞争、完善民营企业市场退出机制、畅通政企沟通渠道等方面提出有力措施。2018 年 11 月,以"新时代中国民营企业新使命新担当"为主题的中国民营经济发展(台州)论坛在台州举行。2020 年 1 月,浙江省十三届人大三次会议高票通过《浙江省民营企业发展促进条例》,以民营企业发展促进为题开展立法,属全国首创。

(二)敢为人先的浙商精神

浙江浓厚的民营经济氛围离不开敢于创新、敢为人先的浙商精神,"浙江模式"生存和发展的深层根源也在于这样的文化传统。一是重商求利。浙江人敢于冲破重农抑商的桎梏,"握微资以自营",这种善于发现市场缝隙、善于经营机变的商业精神延续至今,为浙江人长期经商创业提供了良好的文化因子。二是勤劳务实。浙江制造业最早起步于家庭作坊和流动走商,从走街串巷的传统商贩模式一步步发展到遍布全国的各类商品市场,从资源小省变为市场大省,浙江人的这条从商之路异常艰辛。三是开拓创业。由于自然资源的制约,浙江人为改善生存条件不得不做出现实选择,众多侨乡侨民走南闯北、创新创业,富有创新色彩的冒险精神在浙江人身上得到了充分的体现。

浙江人的自我创业和吃苦耐劳精神是浙江民营经济迅速发展的原动力。自古以来,浙江就有经商的传统,宁波商人在历史上为繁荣商品市场起到非常重要的作用。从 20 世纪 90 年代初浙江人的"四千精神"(走遍千山万水、说遍千言万语、想尽千方百计、历经千难万险)到 21 世纪的"浙江精神"(自强不息、坚忍不拔、勇于创新、讲求实效),浙江人从不安于现状,拥有强烈的求富欲望、自强不息的自主创业意识和敢想敢干、敢闯敢冒的创新精神。在浙江,几乎每一位创业者都经历了创业的艰辛和风险的考验,他们为了创业,可以四海为家,什么苦都能吃,什么脏活、累活都干,数百万连普通话都不会讲的浙江农民,足迹遍布天南海北,正是这种艰苦创业的精神给浙江民营企业奠定了坚实的基础,使得浙江民营企业在世界许多地方生根、开花、结果。

企业家数量全国第一,有800多万浙商在省外,其中有600多万浙商在中国境内各省、市、自治区经商办企业,有200多万浙商在境外各个国家和地区投资创业^①,这在各省份当中绝无仅有。浙江人大量在省外海外经商办厂或搞研发办市场,形成了庞大的"浙江人经济"。通过"浙商回归"鼓励吸引浙商回浙投资,反哺本地产业和经济发展,是推动产业升级、腾笼换鸟的有效路径。

随着资本市场的发展,在一批有魄力、有能力的企业家带领下,优质民营企业成功进军直接融资市场,转型成为上市企业,引领了浙江经济高速发展。2000年,浙江民营上市企业仅20家,占所有上市企业的43.5%,低于国有上市企业占比;截至2018年底,仅国内A股上市的浙江民企已有375家,占全省境内A股上市企业总数的比重达到86.8%,远超国有上市企业。民营上市企业不仅个数实现"赶超式"发展,且占上市企业的比重不断攀升。民营企业量质齐升,有效促进了民营经济提速增效,使民营经济成为浙江经济社会发展的生力军。此外,浙江小微企业积极参与"大众创业、万众创新",已经成为推动浙江经济新旧动能转换的主力军。^②2018年,浙江共新增小微企业36.3万家,其中99%是民营企业,且科技型小微企业增长势头迅猛,新认定科技型小微企业9736家,比2017年增加20.7%。^③

---

①　马海燕.新中国70年:200多万浙商在境外投资创业[EB/OL].(2019-07-12)[2020-07-10].http://www.sohu.com/a/326389735_123753.

②　王祖强,潘家栋.民营经济转型的浙江经验[N].浙江日报,2018-04-23(10).

③　白丽媛,沈雁,杨思.2018年浙江新增小微企业36.3万家　运行稳中向好[EB/OL].(2019-03-20)[2020-07-10].http://zjnews.zjol.com.cn/zjnews/zjxw/201903/t20190320_9705037.shtml.

(三)经济、社会、生态的和谐发展

"浙江模式"持续生根发芽也得益于全社会良好的基本治理秩序、公序良俗和公民精神发育,得益于长期坚持"平安浙江""法治浙江"建设。社会治理注重和而不同、兼容并包和多样性,从而形成一个包容、互信的社会共同体,降低制度性交易成本、形成率先发展优势。政府社会治理注重行政分权、强化基层,充分增强市县乡镇地方自治能力,突出以人为本、尊重首创,赋予地方更多自主权,涌现出一批典型的基层社会治理模式。譬如温岭市的民主恳谈会、衢州市"三民工程"和武义县的村民监督委员会,以优化社会结构为根本,自主协调劳资关系,保障了劳方利益和基层民主;舟山市"网格化管理、组团式服务",诸暨市"枫桥经验"和社会管理创新综合试点等,以改革夯实基层为取向,促进了和谐社会构建;余杭区"法治指数",乐清市"人民听证制度"等,以强化民主法治为保障,有效提升了社会公平正义。

浙江不仅追求经济与社会的和谐发展,更关注经济、社会与自然和谐共生。浙江是习近平同志"绿水青山就是金山银山"理念的发源地,绿水青山就是金山银山,既要金山银山、又要绿水青山,宁可要绿水青山、不要金山银山。2000 年,浙江人均 GDP 仅为 1600美元①,刚刚实现温饱向小康的跨越,"十五"计划纲要就明确要求"强化可持续发展",加强生态建设和环境保护,推进经济社会与人口、资源、环境的协调发展,在全国率先建成良性生态环境系统。浙江较早形成"生态兴则文明兴、生态弱则文明弱"共识,普遍认为生态系统与经济系统、社会系统是一个有机整体。在生态文明建

---

① 杜平,潘哲琪."浙江模式"的演进与丰富[J].治理研究,2019(5):68-77.

设上,浙江先后实施了绿色浙江建设、生态省建设、生态浙江建设、"两美"浙江建设等重大战略,保证了生态文明建设走在全国前列。

二、特色之二:块状经济的特色

改革开放40多年来,地域分布广阔、发展特色鲜明、产业结构多元化的块状经济,是浙江发展的一大"金名片"。作为支撑浙江经济快速发展的重要产业组织形态,块状经济正逐渐向现代产业集群转型升级,对浙江经济高质量发展起到了强有力的推动作用(见表4-1)。

表4-1　浙江块状经济的发展历程

发展阶段	历程简述
起始阶段:从农村工业化和家庭工业中萌发	改革开放初期,浙江从计划经济向市场经济调整,以家庭作坊为代表的个体商户等经济体大量涌现,乡镇企业异军突起,自发形成块状经济。
壮大阶段:在外向化进程中蓬勃发展	1992年邓小平同志南方谈话之后,束缚市场经济发展的大石被搬开,新兴产业成为块状经济转型升级的重要方向,块状经济进入快速发展的十年。
突围阶段:在转型发展中走出"成长烦恼"	进入21世纪,浙江块状经济遭遇"成长烦恼"。2003年,浙江主动寻求经济增长方式由"高消耗、高污染、低效益"向"低消耗、低污染、高效益"转变,块状经济在困境中突围。
跃升阶段:从传统模式转向现代产业集群	2008年,浙江以"八八战略"为总纲,加快先进制造业基地建设,坚持走新型工业化道路,加速推进块状经济向现代产业集群升级。

(注:本书编写组整理,文字内容来自王祖强、潘家栋《浙江块状经济的前世今生》)

(一)块状经济的集聚效应

浙江市场建设起步较早,块状经济发展卓有成效。伴随市场主体的多元化发展,浙江涌现了一大批专业市场,如义乌的小商品市场、永康的五金城、海宁的皮革市场、绍兴的轻纺城等等。这些专业市场在地理上高度集中,于是形成了一地一产、一地一特的一大批块状经济或产业集群,如纽扣、领带、服装产业集群,家电、电气、汽摩配产业集群,医药、化工产业集群。块状经济主要效应有二:一是产业集群效应。依托大量中小企业的分工协作,企业群落迅猛发展,浙江目前已形成了 600 多个产值亿元以上的产业集群,有的产值甚至超过千亿,成为区域经济发展的重要增长极;二是人口集聚效应。块状经济发展伴随着中小企业的集中,必然引起劳动力的集聚。在这一过程中,产业和人才彼此形成市场,以人兴业、以业兴镇、以镇聚人,在有效扩大市场经济规模的同时,也有利于加速浙江城市化进程。[①]

(二)块状经济向现代产业集群跃升

一是"民营企业＋集群":打造块状经济核心载体。浙江经济以民营企业为主体,从家庭工业和小商贩起步,形成"一村一品、一地一业"的传统特色产业集群,如温州柳市低压电器、绍兴柯桥轻纺、金华永康小五金等。2008 年,块状经济已撑起了浙江工业的"半壁江山"。2008 年以后,浙江大力推进传统块状经济向现代产业集群转型升级,块状经济不断向技术密集、资本密集、人才密集的高端产业集群升级。连续 20 年浙江中国民营企业 500 强入席数量稳居全国榜首,实力不断增强的民营企业为块状经济向现代产业集群转型奠定了基础。

二是"创新驱动＋生产":提升产业集群技术优势。2008 年浙江省人民政府出台《关于加快工业转型升级的实施意见》(浙政发〔2008〕80 号),着力推进块状经济向现代产业集群转型升级,增强工业综合实力和国际竞争力;2013 年中共浙江省委又作出加快建

---

① 杜平,潘哲琪."浙江模式"的演进与丰富[J].治理研究,2019(5):68-77.

设创新型省份的战略决策,转换浙江块状经济发展动力机制,从要素驱动、投资驱动转向创新驱动、效率驱动。2018年,浙江研究和发展(R&D)经费支出占生产总值的2.52%,发明专利授权量3.3万件,新增高新技术企业3187家,新培育科技型中小企业10539家,较改革开放初期各项技术指标呈现几何式增长。以此为支撑,"浙江制造"不断向"浙江创造"转型,标准强省、质量强省、品牌强省深入人心,新产业、新业态、新模式蓬勃发展,2018年,浙江"三新"经济增加值占GDP的24.9%。①

　　三是"智能制造＋工业":优化块状经济产业结构。2013年,浙江打出转型升级组合拳,其中"四换三名"为浙江创新发展提供了路径选择,高度契合浙江培育现代产业集群的目标与任务。机器人的广泛应用催生了"机器人＋"的新模式、新业态。传统企业借助"机器换人"实现自动化、智能化生产,为企业带来了实实在在收益,也为块状经济向现代产业集群转型提供了路径。2018年,浙江在役工业机器人总量达到7.1万台,约2/3应用于传统产业领域②。

　　四是"互联网＋市场":拓宽现代产业集群腹地。一直以来,专业市场是推动浙江块状经济走向全国的"桥头堡",同时,浙江又作为"互联网＋"高地,拥有阿里巴巴等众多互联网"独角兽"企业,有效拓宽了浙江专业市场的辐射范围。"互联网＋"将浙江专业市场

---

① 浙江省统计局,国家统计局浙江调查总队.2018年浙江省国民经济和社会发展统计公报[EB/OL].(2019-02-28)[2020-07-10].http://tjj.zj.gov.cn/art/2019/2/28/art_1525568_30567532.html.

② 国家统计局.重大战略扎实推进　区域发展成效显著——新中国成立70周年经济社会发展成就系列报告之十八[EB/OL].(2019-08-19)[2020-07-10].http://www.stats.gov.cn/tjsj/zxfb/201908/t20190819_1691881.html.

与国际市场相对接,跨境电商已经成为浙江专业市场外向型发展的新增长极。2018 年浙江省跨境电子商务进出口再创历史新高,进出口货值 275.6 亿元,增长 44.3%[①]。"互联网＋专业市场"迅速发展,扩大了浙江现代产业集群的腹地市场,尤其是"电商换市"为"互联网＋"战略实施提供了强大助力。其中"义乌购""中国塑料城""网上轻纺城"等重点专业市场的网络交易额已经接近亿元,成为"互联网＋专业市场"的风向标。

五是"大数据＋共享":打造产业公共服务支撑体系。浙江明确提出大力发展以数字经济为核心的新经济,打造数据强省、云上浙江,力争在互联网、物联网、大数据、人工智能等领域成为领跑者。一方面,浙江以大数据为核心驱动产业集群跨越式发展,推进企业产品研发、试验、生产、销售等各类信息数据化,鼓励行业协会、专业市场、龙头企业等主体建立大数据中心,共享信息,培育现代产业集群节能减排的生态优势。另一方面,浙江以大数据为核心深化行政体制改革,搭建公共服务平台,释放块状经济转型升级的制度红利,培育现代产业集群的公共服务平台支撑优势。

三、特色之三:数字经济的亮色

近年来,浙江抢抓数字经济变革的时间窗口,积极推进互联网、大数据、人工智能与实体经济深度融合,创建了全国唯一的国家信息经济示范区,作出全面实施数字经济"一号工程"的决策部署,努力构建以数字经济为核心、以新经济为引领的现代化经济体系。"十三五"期间,浙江省数字经济发展成效不断显现,总体呈现规模增长强劲、创新融合驱动加快、新动能不断壮大的良好态势,

---

① 赵明杰.乘上数字之舟出海国际 浙江跨境贸易亮出新路径[EB/OL].(2019-04-12)[2020-07-10].http://de.zjol.com.cn/media/201904/t20190412_9887393.shtml.

日益成为全省经济增长的主引擎、转型升级的主动能和创业创新的主阵地,成为推进高质量发展的强大支撑。2018 年浙江省数字经济总量 2.33 万亿元,占全国的 7.4%,居全国第四(见图 4-2)①,占全省 GDP 的比重为 41.5%,居全国第五。

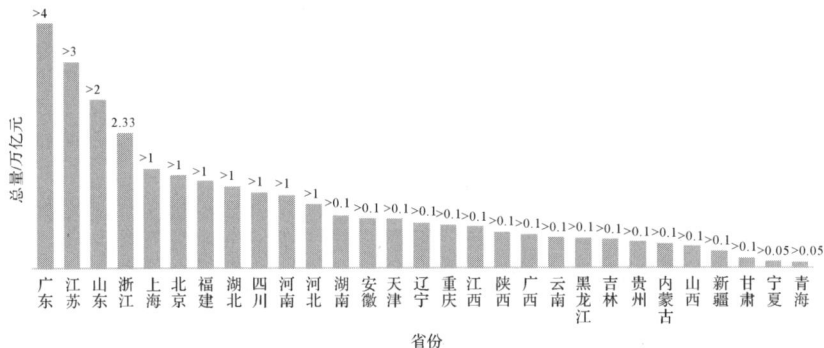

图 4-2　2018 年中国省级区域数字经济总量排名

(注:图片来自《浙江制造强省建设的主要基础》,标注来源为:中国信息通信研究院)

(一)浙江发展数字经济的优势

一是优势产业明显。浙江作为全国首家信息经济国家示范区,着力在集成电路、软件与信息化服务业、大数据、物联网、人工智能、柔性电子、量子通信、5G 等领域培育一批引领未来的重量级产业。截至 2019 年底,拥有阿里巴巴、海康威视、新华三、阿里云等全球领军企业,8 家企业入围中国互联网百强,15 家企业入围中国电子信息百强。②

二是技术创新活跃。截至 2017 年,浙江在云工程与云服务、大数据、集成电路、装备电子等领域建设了 83 家省级重点企业研

---

① 王美福,傅吉青,黄洪琳.辉煌壮丽 70 年　砥砺奋进新时代[EB/OL].(2019-06-02)[2020-07-10].http://tjj.zj.gov.cn/art/2019/6/2/art_1525526_34431368.html.

② 编者.浙江发展数字经济的六大优势[J].信息化建设,2018(11):24-25.

究院,启动了近 300 项重大技术攻关,开发应用了一批标志性产品。杭州城西科创大走廊、国家自主创新示范区等创新平台加快建设,着力打造"互联网＋"世界科技创新的新高地。以原始创新部署数字经济领域前瞻技术,成立了主攻网络大数据和人工智能的之江实验室;supET 工业互联网平台成为第五届世界互联网大会发布的 15 项世界领先科技成果之一;阿里巴巴集团三年投资1000 亿元建设达摩院;浙江长三角研究院、西湖大学、华为杭州研发中心、中电海康研究所等高层次科研载体也相继落户浙江。

三是融合运用广泛。浙江加快推动传统产业"互联网＋""标准化＋""人工智能＋",深入实施企业上云行动计划,重点企业装备数控率、机器联网率、电子商务普及率等均居全国前列。到 2018年底,浙江在用科技工业机器人数量已经超过了 6.4 万台,累计上云企业已经超过了 26.8 万家,居全国第一位。杭州"城市大脑"使城市拥堵率从 2016 年的全国第 5 位下降到 2018 年的全国第 57位。杭州成为全球最大的移动支付城市,智慧健康、智慧物流、智慧旅游、智慧养老、互联网医院、互联网法院等"互联网＋"新业态蓬勃兴起。

四是网络技术扎实。浙江加快建设"宽带浙江""云上浙江",大力推进光网城市、无线城市建设,建成杭州国家级互联网骨干直连点、国家域名服务平台浙江节点。固定宽带家庭普及率和移动宽带普及率在全国率先突破了 100％,建成基于公共网络的窄带物联网,实现全省 11 个地市全覆盖,IPv6 的部署以及 5G 试验应用积极推进。

五是产业资本融合。浙江省设立转型升级产业基金 150 亿元,谋划设立数字经济创业投资基金 150 亿元,国家集成电路产业基金二期募集 150 亿元，参加工信部制造业转型升级基金 150 亿元。加快钱塘江金融港湾、基金小镇建设，截至 2018 年 6 月，全省 11 个金融特色小镇入驻的各类投融资机构达到了 12218 家，集聚私募基金 8187 只，其中百亿级的基金达到了 44 只，累计投资企业 4728 家，投资额达到了 6200 亿元。①

六是营商环境优良。深入实施"最多跑一次"改革，推进政府数字化转型，建设有利于企业家干事创业的政务环境。大力度实施"高水平建设人才强省行动纲要"，落实"科技新政"和"人才新政"，打造人才生态最优省，杭州市人才净流入率连续两年居全国第一位。全国首家互联网法院高效办理涉网案件，严厉打击侵权行为，建设了一流的法治环境。

未来，浙江将全面建设国家数字经济示范省，深入实施数字经济五年倍增计划，全力打造全国数字产业化发展引领区、产业数字化转型示范区、数字经济体制机制创新先导区和具有全球影响力的数字科技创新中心、新型贸易中心、新兴金融中心"三区三中心"，加快构建以数字经济为核心的现代化经济体系。

（二）数字经济成为浙江增长新动力

近年来，浙江努力构建以数字经济为核心的现代化经济体系，数字经济成为新常态下浙江经济结构转型升级和高质量发展的新动能。根据《2018 浙江省数字经济发展综合评价报告》，当前浙江数字经济主要在数字基础设施建设、数字产业发展、实体经济数字化转型、新业态新模式创新发展、政务民生智慧应用等方面发挥了明显的推动作用。

---

① 编者.浙江发展数字经济的六大优势[J].信息化建设，2018(11)：24-25.

首先,数字基础设施不断升级完善,为浙江数字经济快速发展保驾护航。近年来,浙江加快推进高速、移动、安全、泛在的网络基础设施建设,不断强化"云、网、端"一体化支撑能力。浙江在全国最早提出"云+网+端"基础设施布局,先后发布了《"宽带浙江"发展十三五规划》(浙经信设施〔2013〕266号)、《关于加快推进无线宽带网络建设的实施意见》(浙政办发〔2015〕90号)等一系列政策文件,大力推进光网城市、宽带中国、光纤到户、无线城市、4G网络、提速扩面等工作,基础设施不断升级完善,支撑能力显著提升,各项指标均处于全国前列。2017年底,浙江城域网出口带宽达93.4Tbps,固定宽带端口平均速率171.1Mbps,移动基站数居全国第三位,每平方公里拥有移动电话基站数量3.8个。数字网络普及率快速提升,固定互联网普及率和移动互联网普及率分别达到41.3户/百人和126.4户/百人,比2016年分别增加3.6户/百人和12户/百人;付费数字电视普及率(含IPTV)达90.4户/百户,比2016年提高31.2%。基础设施加快向农村纵深推进,有力地提高了农村的基础设施水平。截至2017年底,全省信息进村入户覆盖率达56.9%,城乡电商服务网络日益完善,共建有社区电商服务站(E邮柜等)1.9万个、农村电商服务站点1.6万个。[①]

其次,数字产业不断提升发展,数字经济成为经济增长的主引擎。随着数字经济"一号工程"的大力实施,浙江加强前沿数字技术攻关,推进高水平创新载体建设,加快数字人才汇集,数字经济核心产业的创新能力明显增强。2017年,全省每万人拥有数字经济核心产业有效发明专利数6.3件,比2016年增长24.3%,数字

---

① 浙江省经济和信息化厅,浙江省统计局.2018浙江省数字经济发展综合评价报告[R].2018-12-29.

经济核心产业 R&D 经费支出相当于营业收入的 2.2％，比规模以上工业企业高 0.7 个百分点。数字经济核心产业制造业新产品产值率达 57.7％，比 2016 年提高 1.9 个百分点，比规模以上工业高 24.3 个百分点。数字技术在各产业部门中的广泛渗透，有效地增加了对数字智能化产品的需要，提升产品高附加值，数字经济核心产业增势强劲，质量效益明显提升。2017 年，全省数字经济核心产业增加值 4906 亿元，按现价计算，比上年增长 18.0％，2014 年至 2017 年，年平均增长率为 17.3％，数字经济核心产业增加值占 GDP 的比重达 9.5％，较 2016 年提高了 0.7 个百分点；数字经济核心产业制造业亩均税收 25.4 万元/亩，比规模以上工业企业高 3.7 万元/亩；数字经济核心产业劳动生产率 35.5 万元/人，比 2016 年增长 11.0％，是全社会劳动生产率的 2.6 倍。数字经济成为浙江经济高质量发展的新动能。

第三，实体经济数字化转型不断加快，数字经济成为经济转型升级的重要推动力。随着数字技术的创新突破和融合渗透，传统企业不断加大数字化投入，加强数字技术在生产、运营、管理和营销等诸多方面的应用，推动各行各业数字化、网络化、智能化转型升级。从全省 8.5 万家"四上"企业信息化调查情况来看，2017 年浙江企业信息化投入 497.6 亿元，相当于企业营业收入的 0.3％；企业从事信息技术人员 35.4 万人，占全部从业人员的 2.1％，比重比上年提高 0.1 个百分点；每百名员工拥有计算机 22 台，比上年增长 2.6％。2017 年，全省规模以上工业企业使用信息化进行购销存管理、生产制造管理和物流配送管理的普及率分别为 60.1％、41.2％和 12.9％，分别比上年提高 1.7、1.9 和 0.7 个百分点。2017 年，浙江"三新"经济增加值近 1.3 万亿元，比上年增长 15.5％，占生产总值的 24.1%,对生产总值的增长贡献率达 37.1%。十大传统制造业增加值增速逐年提高,盈利能力显著改善,2017 年利润总额比上年增长 23.2%,增速高于规模以上工业 6.6 个百分点。[①]

第四,新业态新模式创新发展,数字经济成为创业创新的主战场。数字技术通过渗透和融合,新业态层出不穷,电子商务、共享经济、数字金融、数字消费等新经济、新业态、新模式正在蓬勃发展。当前,浙江在电子商务、数字金融等诸多领域取得了令人瞩目的发展成就,涌现出一批处于全国乃至世界前列的互联网企业和高新技术企业,成为全国数字经济的领跑者。2017 年,浙江电子商务的发展依然强劲,在规模、增速、广度和深度方面都保持着良好态势,电子商务销售额 6831.3 亿元,同比增长 35.0%,人均电子商务销售额 12076 元;网络零售额为 13336.7 亿元,同比增长 29.4%,网络零售额相当于社会消费品零售总额比例为 54.9%,比上年提高 8 个百分点;工业企业电子商务销售额占营业收入的比重为 3.4%。随着智能手机和移动互联网的迅速普及,网络支付和移动支付等加速拓展,到 2017 年底,人均银行机构网上支付和移动支付业务量达 325.8 笔/人。

第五,政务及民生服务智慧应用日益广泛,数字经济成为提升民众幸福感的主推力。浙江把大数据、云计算、物联网、人工智能等新技术广泛运用于智慧城市建设,健康、医疗、交通、教育、文化、旅游等公共服务领域智慧化应用快速发展,全省 20 个智慧城市示范试点项目全部建成并投入应用。全省继续推进无线局域网(WiFi)建设和免费开放,到 2017 年底,已建成 i-zhejiangwifi 热点

---

① 浙江省经济和信息化厅,浙江省统计局.2018 浙江省数字经济发展综合评价报告[R].2018-12-29.

20698 个、铺设 AP18.2 万个,实现了主要公共场所广泛覆盖和便捷使用。2017 年,浙江人均移动互联网接入流量 22.9GB,比上年增加 11.5GB,增长 102.0%。借助电子不停车收费系统(ETC),车辆在通过路桥收费站时缩短了通行时间,减轻了路桥收费站的交通拥堵问题,提升了行车效率,2017 年,全省客车 ETC 使用率为37.7%,比上年提升 8.9 个百分点。"互联网+政务服务"取得新突破。浙江通过数字共享、流程再造、效率提升来改善政务服务、社会治理,成为数字经济"一号工程"的重要基石。中央党校(国家行政学院)电子政务研究中心组织编撰的《省级政府和重点城市网上政务服务能力调查评估报告(2019)》显示,2018 年浙江政府服务方式完备度、服务事项覆盖度、办事指南准确度、在线办理成熟度和在线服务成效度指数分别为 95.91、91.65、98.89、92.00 和 89.23,列全国第二。全省努力"打破信息孤岛、实现数据共享",将"最多跑一次"改革打造成为浙江全面深化改革的金字招牌,推动政府数据开放共享。全面推行电子政务,实行网上办事,充分体现了浙江政务服务理念的现代化、治理模式的现代化以及治理手段的现代化。①

第二节　浙江模式的路径

一、路径之一:以数字经济再造浙江优势

作为全国唯一一个信息经济示范区,浙江依托两化深度融合发展,信息技术加快推动产业转型升级,有力地促进了区域经济的创新发展。随着数字化、网络化、智能化为特征的信息化浪潮蓬勃

---

① 浙江省经济和信息化厅,浙江省统计局.2018 浙江省数字经济发展综合评价报告[R].2018-12-29.

兴起,浙江区域经济呈现以数字经济为主要特点的发展趋势。2018 年浙江省委经济工作会议提出,把发展数字经济作为"一号工程"来抓,同时充分发挥浙江数字经济的优势,努力争创国家数字经济示范省。从以浙商回归为"一号工程"到以数字经济为"一号工程",是浙江经济建设指导思想的重大转变,具有重要的里程碑意义。从传统工业化到"两化融合""两化深度融合",再到数字经济"一号工程",是浙江顺应高质量发展要求的重大指导思想调整。

数字经济"一号工程"提出,浙江要构建以"三区三中心"为战略目标,启动数字大湾区、移动支付之省、"城市大脑"等数字经济标志性工程建设,实施数字经济五年倍增计划,力争到 2022 年数字经济总量占 GDP 的比重达到 55％以上。同时,加快推进数字经济立法工作,建立技术标准体系和统计指标体系等,着力形成浙江数字经济的新范式。

(一)数字产业化的区域样本

为加快数字产业化,浙江把集成电路、软件和信息服务业等新兴产业发展作为重中之重加以推进。做强物联网、云计算、大数据等新一代信息技术产业,杭州滨江区物联网产业基地成为国家新型工业化示范基地,城西科创大走廊的云谷园区成为全国云技术领域最大的平台,阿里云成为全国最大、全球第三的公有云公司,网易"严选"成为电商高质量发展的重要标杆性模式。5G 技术加快推进,为浙江智能网联车产业发展提供了机会,北京大学信息技术高等研究院、北京航空航天大学的创新团队落户杭州,智能网联车测试项目进入实质性推进阶段。宁波舟山港数字平台成为重要的行业支撑平台、江海联运大数据项目列入国家"十三五"重大项目,顺联动力成为赋能乡村振兴的重要平台。

　　积极布局区块链、柔性电子、量子信息等前沿产业,杭州国联数字科技金融研究院成立,成为区块链发展的重要支撑新平台,浙江清华柔性电子技术研究院成为支撑柔性电子材料的重要创新支撑平台,不仅为消费电子产业的发展提供了有力支撑,同时为《"健康中国 2030"规划纲要》(中发〔2016〕23 号)的落地提供了巨大的想象空间。宁波智能制造研究院及其机器人产业集团,呈现技术发展与市场成长双丰收的良好局面。江丰电子获得 2018 年度省科学技术重大贡献奖,表明浙江在数字经济基础材料研发上取得重大进展,开启了数字经济基础材料领域的一场革命。由联合国主办、自然资源部和浙江省人民政府共同承办的联合国世界地理信息大会,为浙江地理信息产业发展提供了一个拥抱世界的机会。

(二)产业数字化促进高质量发展

　　浙江是传统制造业大省,通过大力推进产业数字化,促进传统产业向高质量转型。一方面,深化"中国制造 2025"试点示范,推进宁波、湖州两个国家级试点示范城市和 8 个省级试点县(市、区)建设。到 2019 年底,建设集产业孵化、研究开发、检验检测等功能于一体的省级产业创新服务综合体 106 个(创建类 98 个,培育类 8 个)。另一方面,2017 年,在对 18 个工业大县、每个县一亿元专项资金扶持的基础上,聚焦纺织、化工等五大领域,努力建设成为传统产业数字化改造提升的样板区,确定纺织、服装、皮革等两批 17 个行业,萧山区、义乌市、诸暨市等 35 个县市区,开展传统制造业分行业省级试点,全面加快产业提升、平台提升、企业提升和落后产能淘汰,推动传统制造业焕发新的生机。大力实施智能制造示范工程,2018 年,建设海天精工、正泰电器、红狮水泥、新安化工等 60 个数字化车间,建成老板电器、均胜电子等 6 家"无人工厂",新增工业机器人应用超过1.5万台。推进服务型制造，累计创建国家级服务型制造示范企业（项目、平台）19家。在健康、交通、教育等公共服务领域，推进"城市大脑"建设，全省分三批启动了20个智慧城市建设示范试点项目，截至2017年底已全部建成并投入使用。①

在产业数字化中，智能化技术改造在浙江产业转型升级中"画"上了浓墨重彩的一笔。浙江是全国第一个提出"机器换人"发展战略的省份，并在2018年启动实施智能化技术改造。在不断探索和总结的基础上，确立了"最大限度地发挥企业家积极性、最大限度地发挥市场机制的决定性作用、最大限度地发挥政府引导作用"的指导思想，形成了"分类指导、典型示范、政策扶持、机制保障"的工作机制。

1.实施分类指导，抓住了技术改造的本质规律

企业技术改造的难点在于解决生产线改造的技术支撑问题。不同企业、不同行业实施技术改造，面临的技术瓶颈、难点和痛点千差万别，难以做到一套方案解决所有问题，为此，浙江积极推进实施分类指导。一是培育工程技术服务力量。让专业的人做专业的事，至2019年底经省经信厅认定的省级智能化改造工程服务公司已经达到170家，同时各地也根据其产业特色，认定了一批市级县级的智能化改造工程服务公司，采用市场化的办法，引导工程服务公司为企业改造升级提供技术服务。如杭州恩大施福公司专注于磁性材料行业的智能化改造。二是实施分行业智能化改造。浙江立足块状经济产业特色，每年安排1亿元专项资金支持10个县市聚焦重点行业开展智能化技术改造，取得成功后，在行业内推

---

① 兰建平.以数字化引领浙江经济高质量发展——2018年数字经济回顾[J].浙江经济,2018(24):23-24.

广。截至 2019 年底,浙江已在汽摩配、轴承、泵阀等块状行业组织实施了 67 个智能化技术改造分行业试点示范,形成了一批块状行业整体改造提升的成功案例。如新昌县轴承行业实施的"数字化改造、平台化服务"模式,被称为技术改造的"新昌模式",得到了工信部、中国工程院领导的充分肯定。三是开展智能化改造诊断咨询服务。在前期试点基础上,浙江省在 2018 年启动实施万企智能化改造诊断计划,至 2019 年底已落实 23 个工业大县率先开展智能化改造咨询诊断工作。通过政府购买服务,为企业提供智能化改造的诊断咨询和方案设计,帮助企业找准智能化改造的实施重点。到 2022 年浙江预计将实现规上工业企业智能化改造诊断服务全覆盖。①

2.狠抓典型示范,激发技术改造的内在动力

推动企业实施技术改造的关键是激发企业主体的主动性和积极性。浙江坚持以效益为原则,通过典型项目示范,激发企业技术改造的内动力,力求实现智能化改造由点到面的裂变。一是组织实施百项智能化改造示范项目。浙江省经信厅每年在全省遴选确定 100 个左右的项目确定为省级智能化改造示范项目,对列入示范的项目地方在专项资金安排上给予倾斜,2019 年实施 137 项,总投资 521 亿元,同时,落实各市、县同步实施一批当地的示范项目,以示范项目带动企业实施技术改造。二是组织现场会进行推广。近年来,浙江省经信厅每年组织召开 10 场左右的智能化改造专题现场会,落实省、市、县三级每年举办百场行业或区域现场会。通过让同行业企业实地参观示范项目的生产线、现场听取工程服务

---

① 浙江省经济和信息化厅.在全国工业和信息化系统规划和投资工作座谈会上的发言材料[Z].2019.

公司、示范项目实施企业的经验介绍、先进适用装备展示等方式,打消企业的顾虑,调动企业的积极性,有力促进了各行业整体改造升级。

3.加大政策扶持,强化对技术改造的激励引导

财政专项资金是撬动企业加快实施技术改造的重要杠杆,对智能化改造的示范项目加大财政资金的支持力度,能够真正起到"四两拨千斤"的作用。近年来,浙江每年安排5亿元专项资金用于包括智能化改造在内的产业数字化改造提升工作,同时遴选18个县市实施振兴实体经济财政专项政策激励,连续3年对每个县市每年安排1亿元财政资金,推动地方加大新兴产业培育和传统产业改造提升;每年落实3000亩土地指标,用于奖励工业投资和技术改造工作做得好的地区。全省各地也纷纷出台扶持政策,形成了省与地方联动支持技术改造的良好政策环境。如杭州市本级财政每年统筹安排10亿元技术改造专项资金,对实际完成投资额1000万元以上的技术改造项目,实施分类分档支持,最高可给予实际完成投资额的20%、不超过1亿元的补助,补助资金按1:1的比例由市与各区、县(市)分担;如温州市对技改投资补助门槛降到100万元,同时加大对智能化改造的政策导向力度,对入选国家级、省级、市级的智能制造示范项目,分别给予项目投资额30%、25%和20%的奖励。

4.优化机制保障,形成推进技术改造的合力

长效机制是技术改造工作持续有效推进的重要保障。一是加强政策引导。近几年,浙江省围绕数字经济"一号工程"、传统产业改造提升、智能化技术改造、制造业与互联网融合、"机器人+"等出台了一系列政策文件,积极引导企业开展技术改造。二是深化

实施审批制度改革,推进企业投资项目"最多跑一次"改革,建设企业投资项目在线审批监管平台,实现事项办理"最多跑一次""最多100天",有效激发了企业投资活力。三是开展"亩均论英雄"改革,通过企业分类综合评价,相应实施差别化电价、水价、排污费等措施,倒逼企业技术改造升级。2018年,全省完成34827家规上和46166家用地5亩以上规下工业企业综合评价,规上工业亩均税收和亩均增加值分别为28万元/亩和104.7万元/亩,同比分别增长9.8%和7.3%。四是推进工业互联网平台建设,在全国率先打造"1+N"工业互联网平台体系,组建国家级supET工业互联网平台,实施"企业上云"三年行动计划,2018年,全省建设省级工业互联网平台47家,新增上云企业超12万家,打造行业云应用平台10个,促进企业开展数字化改造。①

　　浙江通过持之以恒地推进智能化技术改造,有力促进了制造业转型升级。首先,制造业高质量发展态势逐步形成。2018年,浙江规上工业增加值同比增长7.3%,比年度目标高0.3个百分点,比全国高1.1个百分点,比东部地区高1.7个百分点,呈现出"好于预期、高于全国、领先东部"的态势。2013—2018年,全省规模以上工业人均劳动生产率累计提高63.7%,2018年达到22.5万元/人,主要得益于"机器换人"和智能化改造;浙江省规上工业利润年均增长10.4%,增速比全国高1.8个百分点。通过推进智能化改造,企业在减少劳动用工、节约原材料和能源消耗、优化库存管理的同时,产品质量稳定性、一致性不断提高,降成本优品质效果十分明显。其次,工业投资结构明显优化。企业更加重视通过内涵

---

① 浙江省经济和信息化厅.在全国工业和信息化系统规划和投资工作座谈会上的发言材料[Z].2019.

式的改造实现提质增效,技术改造投资成为工业投资的主导力量。2019 年 1—5 月份,全省工业投资增长 7.2%,增速高于全国 3.7 个百分点,其中,制造业投资增长 13.7%,成为拉动全省投资的重要因素,企业更加注重通过软投资提高效率、提升产品品质,技术改造在工业投资中的占比达到 53.8%。第三,就业结构矛盾得到缓解。浙江制造业长期面临普通劳动用工供给不足和大中专毕业生就业困难的结构矛盾,通过实施智能化改造,2013—2018 年,全省万元工业增加值用工人数分别下降 9%、8.6%、7.5%、7.4%、7.2%、7.6%,相当于累计弥补普通劳动用工需求缺口 350 万人,同时,随着高端智能装备的应用和智能化改造工程技术服务业的快速发展,也创造了一大批新的就业岗位,有效解决了大量大中专院校毕业生的就业。此外,智能制造基础更加坚实。智能化改造促进了浙江制造业自动化、数字化水平的提升,夯实了浙江迈向智能制造的基础。2013—2018 年,浙江工业机器人保有量由 2013 年的不足 5000 台,快速增长到 2018 年的 7.1 万台,应用总量全国领先。2018 年,全省主要制造行业重点企业装备数控化率、机联网率分别达到 57.9%、38.4%,处于全国领先水平。[1]

(三)企业"云化"的蝶变

"十三五"时期,浙江抓住供给侧结构性改革的时机,大力推进企业上云计划,打造"云上浙江、数据强省"。2017 年,提出全省新增 10 万家企业上云,培育国内领先的云平台服务商 3～5 家,行业应用平台 10 个以上,云应用服务商 100 家,典型应用 100 个的计划目标。云平台、云服务商蓬勃发展,有阿里云、腾讯云、百度云、网易等 50 多

---

[1] 浙江省经济和信息化厅.在全国工业和信息化系统规划和投资工作座谈会上的发言材料[Z].2019.

家国内知名系统集群商、基础设施提供商和应用服务商组成的企业上云,基本覆盖了国内主流的 IasS、Paas、SaaS 等服务领域。[①]

2017 年,浙江省人民政府印发《关于深化制造业与互联网融合发展的实施意见》(浙政发〔2017〕9 号),致力通过打造基于互联网的制造业"双创"平台、推进中小企业互联网融合应用、发展以工业互联网为核心的智能制造、培育基于互联网的制造业新模式、增强制造业与互联网融合的支撑能力、切实提升工业信息系统安全水平等举措,推动企业与产品数字化转型。继"互联网＋"文件出台后,浙江省又印发了《浙江省深化推进"企业上云"三年行动计划(2018—2020 年)》(浙信发〔2018〕1 号),提出用三年左右的时间,实现上云企业达到 40 万家,基本覆盖全省制造业企业,努力实现从"两化"融合发展向企业云化计划转型。继续大力开展"企业上云"行动,推动企业加快上云、深度用云,实现新增上云企业 10 万家。作为流程工业的主要代表,中控集团发布 Sup-os 计划,同时,由阿里巴巴联合中控集团等,联手打造"1＋N"工业互联网平台体系,组建 supET 国家级工业互联网平台,为将来百万级的企业"云化"计划提供最强大的网络平台支撑,到 2018 年底,全省已经建成近 50 个省级工业互联网平台。"互联网＋"行动与企业上云,不仅大大提升了类似中策橡胶、红狮水泥等大企业的数字化程度,也加快了中小型制造企业的数字化转型,新昌陀曼精密机械公司成为中小型轴承行业数字化转型的典型案例。[②]

如果把产业层面加快数字化转型称之为"企业大脑"行动计

[①] 兰建平.以数字化引领浙江经济高质量发展——2018 年数字经济回顾[J].浙江经济,2018(24):23-24.

[②] 兰建平.以数字化引领浙江经济高质量发展——2018 年数字经济回顾[J].浙江经济,2018(24):23-24.

划,那么"城市大脑"计划也成为 2018 年十分重要的一个看点。城市大脑首先在城市交通管理上,得到越来越广泛的运用。如杭州推行"城市大脑"后,数据显示,杭州主城区高峰起行车速度提升 15% 以上,区域平均拥堵时间下降 9% 以上,2018 年杭州治堵成效名列全国第二。

就工业互联网建设而言,浙江省自 2018 年以来,以推动制造业数字化转型作为主攻方向,加快推进工业平台体系、产业支撑体系、网络基础体系、安全保障体系、工作推进体系等"五个体系"建设,制造业数字化、网络化、智能化水平持续提升。

1.强化顶层设计,形成体系推进

一是加强规划引领。浙江省人民政府出台《关于加快发展工业互联网促进制造业高质量发展的实施意见》(浙政发〔2018〕32号),围绕构建平台体系、推进融合应用、增强产业支撑、提升网络水平、强化安全保障等 5 大重点任务,系统提出全省工业互联网发展总体架构,明确建设目标、实施路径、主要任务及保障措施。二是打造平台体系。出台《浙江省"1＋N"工业互联网平台体系建设方案(2018—2020 年)》(浙两化办发〔2018〕3 号),谋划高水平建设"1"和"N"两类平台间互联互通、资源共享。三是构建合作机制。在第四届世界互联网大会期间,浙江省率先与工信部签署共同推进工业互联网发展合作协议,建立部省合作制度;与上海、江苏、安徽等共同探索长三角工业互联网一体化发展协同机制和区域合作模式,建设长三角工业互联网一体化发展示范区。

2.突出建设核心,加快 supET 平台培育

一是强化政府统筹。依托阿里云在人工智能、大数据、云计算等领域的技术优势,浙江中控在工业控制领域的深厚积累,以及之江实验室强大的基础技术研发能力,协调集聚省内优势资源,推动IT(信息技术)与OT(操作技术)深度融合,共同打造 supET 平台。二是提升服务能力。物联网、云计算、大数据、人工智能、安全防护等基础、共性服务能力持续提升,并入选 2019 年国家十大跨行业跨领域工业互联网平台名单,获评第五届世界互联网领先科技成果。三是推动高效运营。建立了面向大型制造企业、中小服务商、中小制造企业的差异化定价模式,基本形成了可持续运营的商业模式和可复制推广的服务经验。平台运营公司官方网站(www.supet.com)开通运行,作为 supET 平台对外统一展示窗口,服务商可以通过 supET 平台,实现线上一站式交易及交付。四是创新服务模式。加强与工业信息工程服务商合作,为各行业服务商提供云计算、大数据等基础服务能力,建立"平台赋能服务商,服务商服务中小企业"的三级业务模式,大大降低了服务商的产品集成交付与市场推广成本,成倍放大平台服务能力,200 余家服务商受益。[①]

3.发挥特色优势,推进"N"类平台发展

一是开展省级平台创建工作。按照"一行业一重点平台、一区域一重点平台"的思路,结合浙江省产业特色,遴选 110 家省级重点工业互联网平台,基本实现 17 个重点传统制造业行业和主要块

---

① 　浙江省经济和信息化厅.全省"1+N"工业互联网平台体系建设发展情况[Z].
2019.

状经济产业集聚区全覆盖。二是发挥财政资金导向作用。持续开展省级工业互联网平台建设及应用示范区创建工作,省级财政给予余杭区等 16 个示范区 1.6 亿元资金支持;开展浙江省制造业高质量发展产业链协同创新计划,靶向支持一批有综合实力、有精准定位、有用户基础、有发展前景的平台,省级财政给予专项资金支持。三是组织系列推广活动。省市县三级联动,2019 年全年组织开展平台相关推广活动 60 余场,推动平台进集群、进园区、进企业,引导企业上云、上平台、用平台,累计上云企业超过 30 万家。

4. 优化产业生态,夯实发展支撑

一是提升网络信息基础设施。浙江省通信管理局、浙江省经济和信息化厅印发《关于加快推进工业互联网标识解析体系建设的实施意见》(浙通联网安〔2019〕76 号),筹建标识解析二级节点 7 个,探索培育了兆丰机电 5G 数字工厂、杭汽轮基于 5G 和数字孪生技术的产品测量应用等一批"5G＋工业互联网"典型项目。二是提升工控安全保障水平。组织认定 11 家工控安全服务支撑机构,联合举办工业信息安全技能大赛华东赛区比赛,开展全省工控安全大检查,建成省级工控安全在线监测预警平台。三是提升产业生态之城。布局工业互联网战略性新型基础设施,引进中国工业互联网研究院浙江分院和国家工业互联网大数据浙江分中心;打造重大产业生态集聚平台,建设 supET 工业互联网创新中心;推动工业富联的华东营运中心签约落户余杭。聚焦工业互联网、智能化改造、智能制造等领域,构建了由 116 家工业信息工程服务机构组成的资源池,为大中小工业企业提供专业化、个性

化服务。[①]

5.强化交流合作,营造良好氛围

一是积极引智借力。邀请国内知名专家进行专题指导,加强与工信部相关支撑机构对接合作,签署共同推进工业互联网发展战略合作协议。二是打造浙江分论坛品牌。世界互联网大会连续两年以"工业互联网的创新与突破"为主题,打造世界互联网大会浙江分论坛品牌;用好"直通乌镇"等产业对接活动和平台,推动优秀工业互联网企业"引进来""走出去"。三是举办系列活动。连续举办4届中国工业大数据·钱塘峰会、3届中国工业互联网大会,以及长三角工业互联网峰会等一系列活动。联合国家工业信息安全发展研究中心共同组织2019首届中国工业互联网大赛,着力破解工业互联网应用领域的痛点、难点问题,为深化中国工业互联网产业应用树立标杆、引领方向。

(四)大力发展"互联网+"新业态

利用"互联网+"全面推进产业创新和业态创新,推动"浙江智造"率先发展、引领发展,通过创新供给、扩大新业态等促进产业和产品不断优化升级。

1.大力拓展"互联网+"柔性制造新模式

鼓励浙江制造企业通过互联集成和大数据应用,积极开展制造业务流程再造,探索在线定制、众筹设计、线上线下融合等柔性制造模式。积极通过信息控制下生产模块的精细化切割与再组合,新制造工艺的编制以及直接面向消费者的制造商系统平台构建,建立全面信息化的柔性化智能生产线,实现大规模、个性化定

---

① 浙江省经济和信息化厅.全省"1+N"工业互联网平台体系建设发展情况[Z].2019.

制生产。加快电子商务向制造业拓展,搭建互联网电商平台,形成"线上线下"采购、制造、销售等模式融合。

2.积极拓展"互联网＋"协同制造新模式

重点发展基于互联网的网络化制造、云制造等新型制造模式,通过现有云计算和制造业信息化中的网络化制造、云制造平台协同服务,让制造设备具有远程协调、准确控制等功能,提升网络化协同制造水平;开展异地协同开发和云制造试点,推广研发众包、协同设计等新型组织模式,实现企业与全球各方设计研发者之间的协同共享,提高企业研发效率,降低企业创新成本,推动形成基于消费需求动态、感知的研发制造和产业组织方式;鼓励制造业骨干企业通过互联网与产业链各环节紧密协同,促进生产、质量控制和运营管理系统全面互联,提升企业协同制造能力,形成更广泛的以互联网为创新要素的新模式。

3.着力拓展"互联网＋"服务制造新模式

实施服务型制造工程,推动生产型制造向服务型制造转型。开展试点示范,支持制造业企业延伸服务链,开发总集成、总承包业务,从单一产品制造向制造与服务集成转变。引导制造业企业整合产业链资源,提升研发设计、生产制造、运营维护及再制造各环节协同能力,拓展产品全生命周期管理服务。支持有条件的制造业企业建立企业财务公司、金融租赁公司等金融机构,推广大型制造设备、生产线等融资租赁服务。

二、路径之二:以最优营商环境吸引优质资源集聚

浙江的营商环境建设成效全国瞩目,在开放合作、政府服务、企业评价、市场环境等方面均走在前列。浙江大学公共服务与绩效评估研究中心发布的《2020年中国营商环境评价研究报告》显示,在中国营商环境便利度省级行政区排名中,浙江名列全国第4位,仅次于北京、上海、广东;在中国营商环境便利度主要城市排名前10名中,杭州、宁波分别名列全国第4位和第9位①。雅戈尔集团董事长李如成也曾在全省经济工作会议上的发言中说:"现在我在全国各地跑,人家对浙江很羡慕。"企业家的由衷之言,是对浙江用好"减"字诀最大的褒奖。

　　浙江政府积极构建"亲""清"新型政商关系,以高效、务实的方式全面保障市场主体发展所需。通过明确政府与市场的边界,大幅度减少政府对资源配置的直接干预,加强市场在资源配置中所起到的决定性作用,实现资源配置的帕累托改进;发挥信息技术联通作用,以"互联网＋"为纽带,提高办事效率、审批效率,节约搜寻成本、跑堂成本,释放政策红利,完善市场环境;建立健全要素流通市场,减少政府对要素市场的干预,使企业能够自主经营、消费者能够自己选择、商品能够自由流通,真正打造"有效"政府。当前,浙江省委、省政府以"最多跑一次"改革为切入点,加大简政放权、放管结合、优化服务的"放管服"改革力度,再创民营经济发展的新优势。从"四张清单一张网"到"最多跑一次",一脉相承、稳步推进、层层深入,表明了浙江深化改革的决心,为浙江经济提速增效提供了全面保障。

(一)营造全球化视野下的开放合作氛围

　　改革开放以来,浙江充分利用区位条件和制度变革的先发优势,积极发展资源和市场"两头在外"的开放型经济,创造了从"资源小省"到"经济大省"的发展奇迹。然而,由于缺乏品牌和渠道,

---

　　①　谢盼盼,王汇宇.2020年中国营商环境评价研究报告"出炉"　为地方改革作借鉴[EB/OL].(2019-12-19)[2020-07-13].http://www.zj.chinanews.com/jzkzj/2019-12-19/detail-ifzrxfzm0290708.shtml.

浙江企业长期处于价值链底端,被动参与全球资源配置,大量从事贴牌、代加工等低附加值生产,一度陷入产业层次被低端锁定的困境。2004 年,全省 7000 余家纺织品企业没有一家在国外形成品牌,化纤染色布出口均价仅为每米 0.8 美元,袜子均价每双 0.21 美元,几乎接近成本①。习近平同志在全省对外开放工作会议上指出,要坚持"引进来"与"走出去"相结合,积极参与国际竞争与合作。2005 年,习近平同志强调,要坚持"跳出浙江发展浙江",不断拓展发展空间。

10 多年来,浙江一直沿着习近平同志指引的正确道路不断前行。2004 年,中共浙江省委、浙江省人民政府出台《关于进一步扩大开放的若干意见》(浙委〔2004〕7 号)。2011 年,成功举办了以"创业创新闯天下、合心合力强浙江"为主题的首届世界浙商大会。2012 年,中共浙江省委、浙江省人民政府出台《关于支持浙商创业创新促进浙江发展的若干意见》(浙委〔2011〕119 号),引导浙商回归创业。2014 年以来,浙江积极响应和参与国家"一带一路"建设,积极推进义乌国际贸易综合改革试点和杭州、宁波跨境电商综试区等重大改革试点;加快推进宁波舟山港一体化整合,建设义甬舟开放大通道、江海联运服务中心、自由贸易区等开放大平台;利用G20 杭州峰会和世界互联网大会,不断提升浙江经济在国际上的知名度和美誉度。省第十四次党代会强调,坚持以"一带一路"统领我省新一轮对外开放,全力打造"一带一路"倡议枢纽,加快培育参与国际竞争与合作的新优势。

浙江从产品走出去到技术引进来,实现了浙江走向全国,从全

---

① 王永龙,肖武岭.自主创新与浙江外贸的持续健康发展[J].改革与战略,2007(8):42-45.

国走向全球,开创了浙江经济开放发展的崭新时代。以李书福为代表的一大批民营企业家,面向全球整合优质资源,实现了企业发展的华丽转身。2008 年,吉利汽车以 17 亿美元收购了沃尔沃汽车,实现了从"最便宜"的车向"最安全"的车的跨越,为中国企业开展国际并购起到了良好的示范作用①。2018 年全省出口总额继续保持全国第 3 位(其中民营经济出口占全省出口总额的 78.0%),占全国份额从 2005 年的 10% 提升至 2018 年的 12.9%②。全球 140 多个国家和地区都有浙江企业活跃的身影,在外投资和经商的浙商达 1170 万人,浙江人在省外、国外创造的生产总值,已相当于浙江省内 GDP 的两倍。2013 年至 2018 年,浙江与"一带一路"沿线国家和地区进出口总额达到 43388 亿元,浙江吸引"一带一路"国家和地区实际外资 33.9 亿美元,浙江企业对沿线国家直接投资额超过 280 亿美元,年均增长 31.1%,高出全国年均增长率 26 个百分点;截至 2018 年,浙江企业在"一带一路"沿线国家已建设有 10 个境外经贸合作区,累计投资超过 55 亿美元,带动东道国就业超 6 万人③。义新欧中欧班列实现常态化运营,全国约有 70% 的跨境贸易和 60% 的 B2B(公司对公司业务)交易在浙江的电商平台上完成。一大批民营企业实现了跨国发展或到境外上市融资,海外并购涌起浙江潮,国外先进技术、人才、营销、管理、品牌、资本等要素,纷纷为我所用。遍布海内外的浙商纷纷以返乡投资的方式回馈

---

①　兰建平.问道中国经济转型升级[M].杭州:浙江大学出版社,2014:83-87.

②　高佳晨,吴虹.创新高!2018 年浙江进出口总额 2.85 万亿[EB/OL].(2019-01-18)[2020-07-13].http://zjnews.zjol.com.cn/zjnews/zjxw/201901/t20190118_9274810.shtml.

③　黄云灵.浙江"一带一路"　建设结硕果　六年贸易额超 4.3 万亿[EB/OL].(2019-04-25)[2020-07-13].http://js.zjol.com.cn/ycxw_zxtf/201904/t20190425_9985339.shtml.

家乡,2018年"浙商回归"到位资金5285亿元。要素资源的国际化、市场化配置,为中国外经外贸发展模式的转型升级提供了又一个"浙江样本"。[①]

(二)打造以"最多跑一次"为代表的优质政府服务

"最多跑一次"改革是一场以人民为中心的改革,把"立党为公、执政为民"的理念融入了政府施政目标、施政方式、施政过程,充分体现了党全心全意为人民服务的根本宗旨,彰显了全面深化改革的根本价值取向。从2016年12月浙江在全国率先提出实施"最多跑一次"改革至今,"互联网+"加持下的"最多跑一次"取得了显著成果,"浙里办"APP已汇聚了"社保公积金查询""健康医保卡申领""交通违法处理缴款"等468个便民服务应用,涉及群众日常生活的方方面面,让群众"足不出户"即可办成事,至2019年底,"浙里办"注册用户已突破3000万,日均访问量超过1200万。浙江在线等权威媒体报道显示,全省"最多跑一次"实现率达92.9%,群众满意率达97.1%[②]。

1.坚持以人民为中心,强化各级干部改革共同体意识

基于以人民为中心的发展思想,"最多跑一次"改革站在"用户体验"的角度,以群众眼中的"一件事情"为标准,整合归并以往由一个或多个部门办理的相关事项,实现群众办"一件事情"全流程最多跑一次。例如,办件量大、涉及部门和环节多的不动产登记事项,包含交易、登记、缴税三个环节,以往由建设、国土和地税部门

---

① 刘亭,阎逸.腾笼换鸟 凤凰涅槃[N].浙江日报,2017-09-18(5).

② 杨茜.浙江"最多跑一次"实现率92.9% 群众满意率97.1%[EB/OL].(2019-12-27)[2020-07-13].http://zjnews.zjol.com.cn/zjnews/zjxw/201912/t20191227_11517760.shtml.

分别办理。通过改革,浙江按照"一件事情"的标准明确三部门各自责任,推行并联办理、互认结果等措施,实现了不动产登记全业务、全过程"最多跑一次",群众办理"二手房"交易过户正常情况下不超过 50 分钟即可办结。在此基础上,浙江按照群众和企业到政府办事"最多跑一次"的理念和目标,大力强化各级干部的改革意识。通过成立改革领导小组、明确部门职责分工、加大舆论宣传、举办全省"最多跑一次"改革专题研讨班等多种方式强化各级干部的改革意识、大局意识和担当精神,从而为突破利益固化的藩篱、蹄疾步稳推进改革打牢了思想基础。

2.坚持允许试错和宽容失败原则,增强改革者积极性和主动性

"最多跑一次"改革是一项复杂的系统工程,涉及部门整合、资源配置、流程再造、信息共享、集成服务和新技术应用等一系列工作,因此在改革探索过程中出现一些失误、偏差在所难免。在"最多跑一次"改革推进过程中,浙江各地把建立健全改革容错纠错机制作为助推改革的重要举措,明确将探索政务服务新模式、创新审批流程等推进改革过程中主动作为、积极担当但出现一定失误的情形纳入容错免责范围,同时细化对不作为、慢作为、乱作为等现象的责任追究机制,从而促进了既鼓励创新、表扬先进,也允许试错、宽容失败的良好改革氛围的形成,有效激发了干部队伍谋事创业的改革激情,增强了改革动力。

3.坚持全面精简办事材料,健全政府咨询服务体系

行政审批和政务服务"证明多、盖章多"是导致"办事慢、办事繁、办事难"问题的重要原因。为了从根本上解决这一顽疾,浙江按照"没有法律法规依据的一律取消、能通过个人现有证明来证明的一律取消、能采取申请人书面承诺方式解决的一律取消、能通过网络核验的一律取消"的要求积极推进减少办事材料。2017年,浙江全省各级、各部门依法为公民办理相关社会事务开具的证明事项从135项减少到97项,需要群众和企业提供的证明事项从860项减少到359项①。与此同时,浙江依托各级行政服务中心、政务服务网及"12345"统一政务咨询投诉举报平台,完善办事咨询服务体系,更新配套知识库,多渠道加强宣传,为群众提供方便快捷的咨询解答服务,显著提升了办事咨询的便利度、可及性和准确性,大幅减少了因了解准备不足而导致的"跑多次"现象。

4.坚持政府流程优化再造,实行"一窗受理、集成服务"

政府部门职能分工过细、各自为战、办公场所分散,是造成群众办事"跑多次"的重要原因。为了解决这一问题,浙江按照系统集成方法,把推行行政服务中心"一窗受理、集成服务"改革作为"最多跑一次"改革的主抓手。"一窗受理、集成服务"即把各部门行政审批过程的受理环节分离出来,将原来按部门设置的窗口由行政服务中心分类整合为投资项目审批、商事登记、不动产交易登记、医保社保、公安服务等综合窗口,再按职责分工由业务部门后台分别审批,从而使群众只需进行政服务中心"一个门"、到综合窗口"一个窗"就能把"一件事"办成,实现群众办事从"找部门"到"找政府"转变。同时,强化行政服务中心作为第三方的监督评价职责,对各部门审批进行全流程监督考核,从而将各部门的行政审批权力转变为行政责任。此外,浙江将"一窗受理、集成服务"改革与乡镇(街道)便民服务平台和村(社区)代办点建设相结合,探索出

---

① 范柏乃,张鸣.浙江"最多跑一次"改革经验值得推广[EB/OL].(2018-05-15)[2020-07-08].http://www.gov.cn/zhengce/2018-05/15/content_5291093.htm.

了一条"乡镇（街道）、村（社区）前台综合受理，县级后台分类办理，乡镇（街道）、村（社区）统一窗口出件"的政务服务新模式，促进实现了政务服务"就近能办、同城通办、异地可办"。

5.坚持打通"信息孤岛"，推动公共数据深度共享

实现群众办事"最多跑一次"的关键在于部门协同作战，而数据共享是实现部门协同作战的基础。为了推进数据共享，让数据多跑路，群众少跑腿，浙江在"最多跑一次"改革过程中，下大力气推进各级各部门信息系统互联、基础数据库建设和公共数据共享，推动"一次录入、大家共用"和"一个数据用到底"。一方面，浙江加强信息化建设顶层设计，新建"一窗受理"信息平台，积极推动部门业务联办。到 2017 年底，已有 24 个部门的 43 个业务应用系统基本完成与"一窗受理"信息平台的对接，同时有 76 套市级系统和 27 套县级系统完成与"一窗受理"信息平台的互联互通①。另一方面，浙江专门成立浙江省数据管理中心，作为推进政府数据资源整合开放的管理机构。在省数据管理中心的推动下，浙江已公布两批《省级公共数据共享清单》，共计开放 57 个省级单位 3600 项数据共享权限[33]。在此基础上，浙江梳理各部门办事事项数据需求清单，并由省数据管理中心负责统一采集、归集数据，建立"覆盖全省、统筹利用、统一接入"的公共数据库。

6.坚持互联网与政务融合发展，强化网上服务功能

推行"互联网＋政务服务"，是提升政务服务智慧化水平，让群众享受"全天候、零距离"便捷服务的重要手段。在推进"最多跑一

---

① 范柏乃，张鸣.浙江"最多跑一次"改革经验值得推广[EB/OL].（2018-05-15）[2020-07-08].http://www.gov.cn/zhengce/2018-05/15/content_5291093.htm.

次"改革的过程中,浙江坚持网上网下政务服务体系融合发展,更多依靠网络让群众少跑腿甚至不跑腿。首先,依托省、市、县、乡、村五级联动的浙江政务服务网,推进权力事项集中进驻、网上服务集中提供、政务信息集中公开、数据资源集中共享。2017年,省、市、县可网上申请办理事项的开通率已分别达到79.9%、61.5%、55.9%[33]。这些事项通过政务服务网便可实现网上查询、网上申请、网上办理、网上反馈。同时,促进实体政务大厅向网上延伸,推行网上预约、网上评价、网上支付、自助终端办理等。其次,完善"互联网+政务服务"的技术支撑体系。目前,浙江已建成电子印章、电子档案技术支撑平台,37个省级部门已建立行政审批电子文件在线归档工作机制。政务服务网行政权力运行系统的开发和应用也逐步深化,推动了更多行政权力、公共服务事项网上运行,通过全链路数据跑腿,让更多办事事项从"最多跑一次"精简到"一次不用跑"。

7.坚持督察评估有机结合,强化改革的效果导向

强化督察评估,充分发挥督察评估的指挥棒作用,是推进工作落实的有效手段。在"最多跑一次"改革推进过程中,浙江坚持督察评估有机结合,强化改革的效果导向,有力促进了改革举措落地见效。首先,促使各级、各部门扑下身子抓落实。目前,"最多跑一次"改革已纳入浙江省委经济工作目标责任制度考核、平安浙江考核。省"最多跑一次"改革办公室建立了每月例行督察制度和周报告、月报告制度,跟踪督促各地做好改革落实工作。同时,省人大、省政协、省政府督察室、各民主党派也根据自身职能有针对性地开展"最多跑一次"改革督察。各项督察的常态化进行有力推动了各地党政一把手亲力亲为抓改革,扑下身子抓落实,把"最多跑一次"

改革打造成为社会满意的"民心工程"。其次,引入外脑开展第三方评估,增强群众改革评判权。通过运用多种数据采集和分析方法对"最多跑一次"改革绩效进行评判,全面客观地反映改革的实施成效与问题短板。同时,在政务服务网开通《调查评估》《改革建言》等栏目,全省群众均可评价"最多跑一次"改革实施情况,提出意见建议,使群众在改革评估中的发言权有效增强。

8.坚持标准化、法治化改革路径,强化改革可推广性

标准化、法治化是保障改革平稳推进、巩固深化及改革成果复制推广的重要手段。为了在改革实践中形成更多制度性成果,以形成不可逆的改革态势,浙江把标准化作为基础工作和长效机制,及时总结提炼改革中涌现的好做法、好经验,制定发布《政务办事"最多跑一次"工作规范》(DB33/T 2036—2017)地方标准,明确规范"最多跑一次"的事项范围、工作要求、监管要求、制度建设等内容。同时,加紧构建标准统一、口径规范、内容完整的办事事项清单和办事指南,使群众在全省各地都能享受统一规范的政务服务。针对改革实践中遇到的法律法规及规章制度问题,浙江严格按照法定权限、法定程序进行"立改废",如颁布《浙江省公共数据和电子政务管理办法》(省政府令 354 号)政府规章,明确电子签名、电子证照、电子文件等在政务活动中的法律效力。同时,在桐庐县开展"最多跑一次"改革与法规规章衔接绿色通道试点,为改革攻坚克难提供法治支撑。

(三)推进"亩均论英雄"的企业综合评价

进入 21 世纪以来,浙江省为破解资源环境约束,积极推进"亩均论英雄"改革,从前期的区县探索到中间的试点拓面,再到全省推广改进,逐步形成了促进区域经济高质量发展的一系列政策和做法,走出了一条资源要素市场化配置的新路径。回顾浙江省改革开放40多年来经济社会发展以及宏观环境的深刻变化,"亩均论英雄"改革越来越成为转变发展方式、优化经济结构、转换增长动力的有力抓手,成为高质量发展的有效途径。2019年,全省共有11453家低效企业亩均税收提升到1万元以上或依法淘汰,共盘活土地8.24万亩,腾出用能23万吨标煤,腾出环境容量3685.5吨,新增产值248.73亿元、税收21.3亿元①。

1."亩均论英雄"改革有效应对了资源禀赋的变化

浙江是全国的资源小省,人均水资源、能源、可利用土地拥有量分别只有全国平均水平的89.6%、0.5%和40.0%,自然资源丰度只有全国的11.5%[34],仅略高于上海及天津。浙江省过去的经济发展模式,与全国一样,过度依赖传统产业、过度依赖资源要素的消耗、过度依赖低端劳动力。以民营经济为主体的浙江经济,以民间投资为主渠道的发展方式,进入高质量发展时代,需要导入更多现代高端要素资源,才能逐步建设和完善现代化经济体系,实现质量和效益统一发展的目标。浙江"亩均论英雄"改革调整的是投入产出的边际效应,是单位资源要素消耗的产出水平,是衡量区域经济和企业财富创造能力与可持续发展能力最为直观的表达,能够推动要素向高效益、高产出、高技术、高成长性企业集聚,倒逼落后和过剩产能退出和低效企业转型,其结果必然是资源要素利用越来越高效。

2."亩均论英雄"改革是推进供给侧结构性改革的重要抓手

供给侧结构性改革主要是从要素端、生产端入手,通过改革不

---

① 夏丹.用好"减"字诀,激发新动能——2019浙江经济述评之二[EB/OL].(2020-01-01)[2020-07-09].http://www.zj.xinhuanet.com/2020-01/01/c_1125411166.htm.

合理的制度障碍,实现对要素结构、经济结构和产业结构的重新调整与优化,激发各经济主体活力,促进要素资源合理配置,其政策着眼点是从经济运行的源头入手,更加强调"治本",更加突出转型升级和活力再造。"亩均论英雄"改革就是直接切入生产端的要素问题,推动要素资源更加合理地配置,秉承了供给侧结构性改革的核心理念,是供给侧结构性改革的重要抓手。

3."亩均论英雄"改革是对要素配置体制性障碍的深度矫正

中国要素价格形成机制改革远滞后于商品经济领域,资源要素配置的体制性障碍越积越深,日益成为当前阻碍经济转型升级的重大制约,突出地表现在要素价格扭曲导致资源错配,监管缺失导致低效利用。资源要素市场化配置改革是中国深层次、体系化改革的重中之重。溯其本源,要素价格扭曲导致资源错配主要是政府越位所致,而后续监管缺失导致低效利用又是政府缺位所致。在"亩均论英雄"改革的制度设计中,充分尊重企业的主体地位和市场在资源配置中的决定性作用,同时立足于政府管理方式向公共服务转变,体现了以事实为依据和用数据说话,将综合评价结果与差别化资源要素价格机制挂钩,让低效沉淀的资源要素充分流动起来,从而推动资源配置依据市场规则、市场价格、市场竞争,最终实现效益最大化和效率最优化。本质上讲,资源要素的差别化配置改革是通过对政府权力的约束和后续监管的补缺,从而实现对前一时期要素配置体制性障碍所导致的资源低效利用的深度矫正,本质上是向资源要素市场化配置的回归。

4."亩均论英雄"改革是地方政府治理能力和治理体系的实战考验

中国已进入新的发展阶段,经济社会发展开始面临许多新的矛盾。国际市场出现的一些新问题,更加剧了这些矛盾。实践证明,浙江省开展的"亩均论英雄"改革是一场产业发展与制度变迁齐头并进的工程,是经济发展生态环境的一场革命。对各地而言,通过紧密结合地方情况,面对新情况、新问题、新举措,出高招、新招和实招,把政府的治理体系和治理能力提升到一个新的高度,把地方营商环境建设推高到一个新的水平,切实把高质量发展落到了实处。

(四)维护市场秩序,建设公平竞争环境

从计划经济到市场经济,无论是在有形的市场上还是在无形的市场上,浙江都走在全国的前列。改革开放以来,浙江从实际出发,因地制宜求发展,充分发挥市场在资源配置中的基础性作用,实行"两头在外"和"零资源"发展,促进生产要素的大流动、大重组,引导企业通过市场关系发展协作,闯出了一条中小企业、专业市场和特色产业紧密结合、互为依托、具有整体竞争优势的工业化道路。

发挥市场秩序的扩展作用,构建自由而公正的社会秩序市场制度不仅具有繁荣经济的能力,也具有扩展自由秩序、促进社会公正的能力。浙江经济社会发展的一个重要特点就是充分依靠市场机制来扩展自由秩序,努力实现起点公平、机会公平和过程公正,促进社会公正秩序建设。作为全国市场经济比较发达的省份,浙江率先冲破僵化的体制和机制束缚,率先打破"唯成分论",大胆突破单一公有制结构,放手发展个体私营经济,培育充满生机和活力的市场主体;率先改革流通体制,培育以专业市场为主体的市场体系;十分重视全省人民群众的自主创新精神,率先培育适合市场经济要求的经济主体和制度框架,从而为维护和实现市场经济所必需的权利公平创造了有利条件。在建立和完善市场经济体制的实践中,浙江各级政府和部门积极探索维护市场主体权利平等的制度安排,在保障人的基本权利如生存权、就业权、受教育权和社会保障权等方面进行有效的制度创新,最大限度地消除城乡之间、区域之间、行业之间存在的许多不合理差别,努力建立健全与市场经济发展相适应的合理的平等的经济关系。在推进市场机制改革的进程中,浙江各级政府通过制定各种政策,努力打破各种体制性壁垒,向社会公众提供自由竞争各种职位和职务的平等机会,形成开放性的社会流动秩序。

完善政府与市场关系模式,实现市场和政府"凸性组合",市场与政府良性互动是浙江构建繁荣而公正的和谐社会的实践机制。改革开放以来,浙江在经济社会发展过程中,坚持市场机制和政府调控有机结合,努力实现效率和公平的统一。一方面,大力推进市场化进程,积极培育市场体系,发挥市场在资源配置中的基础性作用,激发和保持全社会的创造活力,不断"把蛋糕做大",为协调利益关系打好物质基础,同时发挥市场秩序扩展作用,促进社会自由、公正和信用秩序;另一方面,根据市场经济发展的客观需要,积极转变政府职能,实现政府管理的民主化、法治化,政府科学有为,维护市场秩序,促进经济繁荣。

三、路径之三:以生态建设倒逼产业升级

浙江是习近平同志提出"绿水青山就是金山银山"这一科学论断的地方,多年来浙江始终把生态文明建设与经济转型升级紧密结合,倒逼企业加快从原先依赖资源的粗放式发展转向依靠创新、技术、数字化等更加环境友好的高效益发展,同时以小微企业园区建设为量大面广的小微企业指明转型升级的方向,并大力推进以

特色小镇为代表的产城融合可持续发展模式。

(一)"绿水青山就是金山银山"理念指导下的产业转型

安吉余村是浙江发展路径转变的一个缩影。20 世纪 90 年代余村人"靠山吃山",凭借着优质石灰岩资源,村集体经济年收入一度达到 300 多万元。但用挥霍绿水青山换得的"钱袋子",造成了生态环境被严重破坏,经济发展面临不可持续的窘境。2003 年 7 月,习近平同志在"八八战略"决策部署中提出,进一步发挥浙江的生态优势,创建生态省,打造"绿色浙江"。在绿色发展的全新思路指引下,余村人痛下决心,相继关停了矿山和水泥厂,从"卖石头"转而"卖风景",正式开启了生态经济发展的致富之路。2005 年 8 月,习近平同志在余村考察时提出了"绿水青山就是金山银山"的科学论断,为浙江走向生态文明新时代指明了方向。余村于 2016 年成功创建国家 3A 级景区,2018 年全村接待旅游人数近 100 万人次,实现经济总收入 2.783 亿元,农民人均收入达 44688 元。[①]

在十多年发展过程中,省委、省政府坚持走"绿水青山就是金山银山"发展之路不动摇,把生态文明建设与经济转型升级紧密结合起来。2010 年,省委十二届七次全会通过了《关于推进生态文明建设的决定》。2012—2013 年,浙江省委、省政府先后作出"三改一拆""五水共治""四换三名""四边三化"等重大战略部署,倒逼经济转型升级。2016 年,浙江吹响小城镇环境综合整治行动号角,努力补齐"美丽县城"与"美丽乡村"之间的短板。省第十四次党代会强调,着力推进生态文明建设,深入践行"绿水青山就是金山银山"理

---

① 王莉.村强民富景美人和 浙江安吉余村告别卖石头 绿水铸金山[EB/OL].(2019-08-13)[2020-07-13].http://www.takungpao.com/news/232108/2019/0813/335285.html.

念,积极建设可持续发展议程创新示范区,谋划实施"大花园"建设行动纲要。

随着"绿水青山就是金山银山"通道逐步开启,绿色发展、循环发展、低碳发展为浙江经济发展不断注入源头活水,各地生态经济欣欣向荣。2005—2018 年,万元 GDP 能耗从 0.9 吨标准煤下降至 0.4 吨标准煤,八大高耗能产业占工业比重从 37.2% 下降到 33.3%。涌现出了长兴铅蓄电池、浦江水晶、温岭鞋业、织里童装等一批"低小散"块状行业整治提升的典型。宜居、宜业、宜文、宜游的浙江大地,正徐徐拉开绿色生态发展的大幕。更令人可喜的是,发轫于浙江的"绿水青山就是金山银山"理念经过发展实践的检验,已经逐渐成为全国生态文明建设的重要思想。[①]

(二)小微企业的入园集聚提升发展

小微企业是浙江的特色和优势,也是浙江经济发展的动力源泉和创新创业的重要力量,以小微企业为主体的民营经济贡献了全省 GDP 的 65%、税收的 74%、出口的 77% 和就业的 87%(2017 年)。但与此同时,浙江小微企业大多处于全球产业链与价值链的底端,面临产业层次低、布局分散、市场竞争力弱等问题。这样的发展水平显然难以适应当下浙江高质量发展的要求。浙江省从小微企业园建设入手,通过高质量小微企业的集聚发展,形成规模化产业集群,从而破解小微企业"低散乱"的痼疾。

早在 2013 年,浙江省就积极谋划小微企业园建设,着力推动浙江小微企业由"低、小、散、弱"向"高、精、专、优"转型。浙江省委省政府先后出台《关于加强小微企业园区建设管理促进经济转型

---

① 刘亭,阎逸.腾笼换鸟　凤凰涅槃[N].浙江日报,2017-09-18(05).

升级的意见》(浙委办发〔2017〕2 号)、《关于促进小微企业创新发展的若干意见》(浙政办发〔2018〕59 号)、《关于加快小微企业园高质量发展的实施意见》(浙委办发〔2018〕59 号)等政策文件,同时,各设区市也相应出台小微企业园建设提升的整体路线图和具体时间表,确保小微企业园建设提升各项工作有序推进。截至 2019 年 7月底,浙江省 11 个设区市已全部编制完成小微企业园五年发展规划,明确园区布局、产业定位、建设服务标准、企业入园目标等重点内容。与此同时,传统产业改造提升、"小微企业三年成长计划"等方案也在滚动式推进实施。2018 年浙江省新增小微企业园 222个,入驻企业 6300 多家,累计小微企业园已达 703 个,入驻企业共3.77 万家。浙江省的小微企业园带有准公共属性,这主要是因为一方面政府要为入园企业提供精准便利的公共服务,配套必要的扶持政策;另一方面,园区内的生产经营场所并非免费提供,也未必由政府统一运营。此外,浙江省小微企业园的建设不是"低散乱"企业的简单搬迁,也不同于以往的标准厂房,更不是用"新瓶"去装"旧酒",而是工业园区的升级版,即通过规划引领、模式优化、政策创新、环境营造,打造各类要素齐全的小微企业全新成长平台,并以此作为推动创业创新、调整产业结构、培育新动能的重要抓手。如温州探索建立了"科技高度、投资强度、税收贡献度、两化融合度、员工文化程度"五个尺度为核心指标的小微企业园入园企业评价体系;湖州将优势产业中的高效小微企业集中起来,加大配套企业入驻,实现产业链上下游整合发展。

浙江秉持着开放包容的态度欢迎各类投资主体参与小微企业园建设,充分发挥浙江省民营资本的积极性和优势,同时鼓励各地因地制宜,采取政府主导开发、龙头企业开发、企业联建、工业产权开发、专业机构开发、村集体联合开发等模式。数据显示,截至2018年底,在浙江省 703 家小微企业园中,由政府主导开发的占36%,由龙头企业主导开发的占 17.5%、由工业地产主导开发的占13.7%、由企业联建的占 13.4%、村集体联合开发和专业运营机构开发的各占 7.1% 和 6.5%,主导小微企业园的主体呈现多元化。比如在新昌,经济开发区内的一个小微园由政府主导开发,在高新技术开发区内的小微园运营主体则是民营企业,而工业地产商也参与到新昌的小微企业园开发建设中。

小微兴,浙江兴,抓小微就是抓浙江经济的明天。在对高标准小微企业园做"加法"的同时,浙江坚决对低水平小微企业做"减法"。近年来,浙江始终坚持整治和淘汰落后低效产能,不断加大"低散乱"企业出清力度。2017 年,全省整治各类无证无照、无安全保障、无合法场所、无环保措施的"四无"企业(作坊)4.7 万多家,其中关停淘汰超过 2.5 万家、改造升级近 2 万家、整合入园 1844 家、合理转移 962 家,涉及全省 100 多个块状行业集中区块。

(三)以特色小镇为代表的产城融合发展

2015 年《浙江省政府工作报告》明确提出"按照企业主体、资源整合、项目组合、产业融合原则,在全省建设一批聚焦七大产业、兼顾丝绸黄酒等历史经典产业、具有独特文化内涵和体验功能的特色小镇"。截至 2019 年底,全省共有 22 个命名小镇、110 个创建小镇、62 个培育小镇,百镇布局已现雏形。

特色小镇的发展机理与发展逻辑体现在:第一,特色小镇的关键行动者是企业。特色小镇的投资进程快慢,主要取决于特色小镇入驻企业的主体作用发挥。在特色小镇的多元主体参与过程中,企业作为关键行动者,嵌入特色小镇的网络构建中来。第二,特色小镇的基础是产业体系的特色与优势。特色小镇建设,绝大部分是扎根本地特色经济,地方政府长期以来筑巢引凤、转型升级的结果,每一个小镇的背后都有深厚的历史积淀和转型历程。第三,特色小镇的内生性动力在于产城融合。产城融合指城镇在发展中要以产业为支撑,产业发展也需要以城镇为依托,两者之间相互融合。并在产城融合模式下,构建良好的产业生态系统。第四,特色小镇的外部驱动是政府政策的引导。办好特色小镇,除了建立在比较优势和市场化基础上,同时也需要顺应市场规律和动态变化并运用政策手段加以引导,确保特色小镇的可持续发展。

四、路径之四:构筑真正的核心竞争力

当前全球竞争日趋激烈,浙江立足国际视野和自身发展需要,致力于构筑真正的核心竞争力,推动经济发展从"要素投资驱动"向"科技创新驱动"的转变,大力建设先进制造业基地,注重以先进标准引领质量提升,实现真正的高质量发展。

(一)科技创新驱动新发展

在"腾笼换鸟、凤凰涅槃"过程中,浙江经济发展实现了从"要素投资驱动"向"科技创新驱动"的转变。10多年来,浙江为加快摆脱"先天的不足"和"成长的烦恼",即人多地少、资源紧缺,能源、土地、水等资源要素和环境承载力的制约不断加大,加快提升自主创新能力,加快创新型省份和科技强省建设。2013年,中共浙江省委十三届三次全会作出了《关于全面实施创新驱动发展战略加快建设创新型省份的决定》(浙委发〔2013〕22号)。2015年,省"十三五"规划将创新驱动列为省域发展的首位战略。2016年,中共浙江省委出台《关于补短板的若干意见》(浙委发〔2016〕12号),把科技创新作为必须补齐的第一块短板。浙江省第十四

次党代会进一步强调,"突出创新强省,增创发展动能新优势"。经过十余年努力,浙江不断迈向新境界,推动经济转型升级不断走向深入,结出了累累硕果。2005—2018 年,浙江省 R&D 占 GDP 比重从 1.1% 增长到 2.5%,科技进步贡献率从 43.6% 提升到 61.8%。科技创新从以政府推动为主,逐步转向企业自发的内源性创新活动为主,截至 2018 年,全省有国家认定的企业技术中心 113 家(含分中心),高新技术企业、科技型中小企业分别累计 14649 家、50898 家[①]。

当前,浙江围绕重大需求和关键技术,大力提升制造业创新能力。《中国制造 2025》(国发〔2015〕28 号)的实质是通过制造业转型,实现创新驱动替代投资驱动,这为浙江攻克产业关键核心技术、加快科技成果产业化、完善协同创新网络提供了契机。

首先,加强核心技术研发。围绕制造业发展重点领域,加大关键核心技术攻关力度,重点整合龙头骨干企业、高等院校和科研院所等创新资源,共同组建协同创新网络和产业技术创新联盟,开展协同创新和集成创新,集中攻克一批事关浙江重点产业竞争力提升的关键共性技术。

其次,完善技术创新服务体系。支持企业建设高水平工程(技术)研究中心、重点实验室等研发机构,加快培育检验检测、技术评价、质量认证等专业公共服务机构,重点围绕制造业重大共性需求和关键技术,加快形成一批可复制、可推广的行业制造创新中心,形成为行业提供关键共性技术开发的战略支撑平台。

---

① 浙江省统计局,国家统计局浙江调查总队.2018 年浙江省国民经济和社会发展统计公报[EB/OL].(2019-02-28)[2020-07-13].http://zjnews.zjol.com.cn/zjnews/zjxw/201902/t20190228_9553778.shtml.

最后,加快科技成果产业化。积极搭建科技成果信息交互平台,培育一批科技中介机构,完善科技成果交易、服务和共享交流的科技大市场,促进科技成果转化,支持社会资本参与科技成果产业化。完善知识产权保护体系,构建产业化导向的专利组合,加快培育一批具备知识产权综合实力的成果转化优势企业。

(二)建设先进制造业基地

当前,新一轮科技革命与产业变革席卷全球,制造业重新成为大国竞争的战略制高点。改革开放 40 多年来,中国的工业化进程取得了巨大成就,已建立起相对独立完整的制造体系。面对国内国际的复杂形势,大力发展先进制造业,提高供给的质量和效益至关重要,尤其是要在一些重大领域基本建成具有全球重要影响力的先进制造业基地,更好推动中国制造业实现高质量发展。

1.为什么发展:突出问题导向

制造业是中国经济的根基所在,更是推动经济高质量发展的关键和重点。近 10 年来,制造业的快速发展大幅提升了中国经济发展的速度、质量和效益,制造业增加值呈现逐年增长的态势,但增速逐渐趋于平缓。从经济效益看,2018 年入围世界 500 强的企业中,中国 120 家上榜企业平均营业收入比美国 126 家上榜企业低 15.3%,平均利润低了 41%[①];从核心技术看,中国 80% 的集成电路芯片制造装备、90% 的通用计算机 CPU 和基础软件都依赖进口;从产品质量看,中国通用零部件产品的使用寿命一般仅为国外同类产品

---

① 期股牛人圈.世界 500 强,中国和美国有多少企业上榜? 平均营收利润差距大?[EB/OL].(2019-07-24)[2020-07-13]. https://new. qq. com/omn/20190724/20190724A068S700. html.

的 30％到 60％①。中国制造业整体仍处于全球产业链的中低端,产品附加值低,技术创新不足,呈现出"大而不强"的特征。对此,需加快先进制造业基地建设,积极探索现实路径,进一步推动制造业向全球产业链中高端迈进,加快实现从制造大国到制造强国的转变。

当前,对标技术进步发展的轨迹和全球产业演进的特点,中国制造业发展及产业组织方式,存在四个比较突出的问题。一是缺核心能力。自主创新能力薄弱,关键核心技术、关键材料、关键零部件、高端装备等长期依赖进口,在核心技术、重大关键共性技术、前沿引领技术和颠覆性技术等方面亟待突破。二是有核心能力,但缺标准体系。在航空制造业、原材料工业、集群电路产业等领域,缺乏技术标准体系、质量标准体系、服务标准体系,产品和服务附加值不高,缺乏知名品牌和行业话语权。三是有核心能力和标准体系,但效率不高,发展后劲不足。资源要素利用效率不高,劳动力素质总体偏低,人才储备不足,企业在高端领军人才、研发设计团队、技术骨干、专业技能人才等方面,存在明显短板。四是有产业规模,但产业的时代性与组织方式的现代化不足。由于底子薄、发展速度又快,很多产业是在强大的需求拉动下迅速发展起来的,技术与管理的积累不够,产业成长路径"自然生长"的特点明显,特别是终端消费品生产领域大省、中小企业众多的地区,都表现出工业化与城镇化进程的不协调。

在此背景下加快先进制造业基地建设,既要推动产业技术的现代化,更要推动产业组织方式的现代化;既要实现"区域内"产业发展的提升,更要实现"区域间"经济增长的协调。

---

① 萧新桥.推进高质量发展是建设制造强国的必由之路[EB/OL].(2018-09-18)[2020-07-13].http://theory.people.cn.cn/n1/2018/0918/c40531-30300667.html.

2.怎么发展:明确对标发展路径

加强先进制造业基地建设,要用现代化经济体系建设的发展理念,顺应科技革命的发展趋势,形成经济增长的新动力,有效支撑中国从制造大国迈向制造强国。

建设先进制造业基地,要充分发挥中国的既有优势。就目前全部制造业的 39 个大类来看,中国是唯一一个产业体系完整的国家,这就是我们最大的"本钱"。在这一基础上建设先进制造业基地,一是要彰显产业特色,做大做强特色产业集群,加快提升中国制造的技术、标准、品牌和集群竞争优势;二是要接轨国际重要的制造业,充分利用国际国内两种资源、两个市场,适应国际产业结构调整的新变化,跟上国际制造业发展的新趋势,参与国际产业分工;三是要充分体现先进性,突出技术创新,坚持以信息化带动工业化,既要改造提升传统产业,巩固原有产业优势,又要布局未来前沿产业、培育战略性新兴产业,构筑新的竞争优势;四是坚持绿色发展理念,在推动可持续发展的关键领域和技术方面更好突破,实现工业化和资源、环境、生态的协调发展。

需要强调的是,建设先进制造业基地必须有选择地进行重点突破,防止低水平重复建设和产业同构化。

建设先进制造业基地,还要找准关键路径。可以借鉴国内外成熟的经验和做法,注重有效发挥市场机制,最大限度地降低制度性交易成本,营造有利于创新创业的环境。各地需注重优化营商环境,切实把实体经济作为建设先进制造业基地的着力点,用制度环境优势推动实体经济发展,做实、做强、做精、做专,引导实体经济走内涵式发展的道路;注重打造市场主体的竞争生态,加快培育卓越的制造业企业群体,打造先进制造业基地建设的中坚力量;重点支持企业间的战略合作和跨行业、跨区域的兼并重组,培育一批主营业务突出、竞争力强、成长性好、专注于细分市场的企业,引导大中小企业通过专业分工、服务外包、订单生产等方式,建立协同创新、合作共赢的协作关系,促进科技创新和转型升级;还需抢抓新一轮技术革命和产业变革的机遇,培育新的经济增长点和创新发展模式,引导传统工业企业更好实现技术创新和商业模式创新,把握产业发展的最新动向,致力于突破关键核心技术,建立起现代产业体系。

　　总体来看,建设先进制造业基地不仅需要生产技术上的重大改革,还需要制度上、组织上的重大改革,改变传统的生产方式,普及现代企业管理理念,建立现代企业管理制度,实现从思路到模式的彻底改变。

(三)以先进标准引领质量提升

　　浙江是全国较早构建"先进标准＋产品认证"模式以提升质量的地区,该模式已在全国产生广泛影响并开始走向世界。习近平总书记曾强调:标准决定质量,有什么样的标准就有什么样的质量,只有高标准才有高质量[①]。2018 年 3 月的两会上,李克强总理作《政府工作报告》,提到要"推进企业与国际先进水平对标达标",提升技术和管理水平,提高产品、服务和工程质量。毋庸置疑,以先进标准引领质量提升已经成为企业最有效的提升竞争能力的方式之一。标准是企业提升质量的主要工具,认证是执行标准最有效的方式,"标准化＋认证"被德国等发达国家视为制造强国建设最行之有效的方式之一。借鉴国外成功经验,国内多地积极开展"标准化＋认证"模式下的制造品牌试点培育工作,2014 年"浙江制

---

① 出自 2014 年 3 月 18 日,习近平总书记在兰考调研指导党的群众路线教育实践活动时的讲话。

造"标准体系之后,其他省市陆续提出了"深圳标准""上海名牌""广东优质"品牌等建设工作。

"浙江制造"是以"区域品牌、先进标准、市场认证、国际认同"为核心,以"标准化＋认证"为手段,集质量、技术、服务、信誉为一体,经市场与社会公认,代表浙江制造业先进性的区域品牌形象标识。2013年,浙江省明确提出要大力实施品牌创新、质量创新和标准创新工程,推动优势产业采用国际先进标准,加强质量管理,提升产品品质。2014年,浙江省人民政府办公厅出台《关于打造"浙江制造"品牌的意见》(浙政办发〔2014〕110号),对打造"浙江制造"品牌的主要目标、基本原则、重点任务等进行了明确,全面启动"浙江制造"品牌建设,并正式发布"品字标浙江制造"LOGO。2015年,全省11个部门联合印发《关于扶持"浙江制造"品牌发展的意见》(浙质联发〔2015〕11号)。2016年,由浙江省标准化研究院、浙江大学、浙江省质量技术审查评价中心等3家单位共同发起,相关研究机构、高等院校、检测机构、认证机构、行业协会和获证企业等自愿参与的非营利性第三方社会组织——浙江省浙江制造品牌建设促进会成立,负责全面推进"浙江制造"品牌建设相关工作。2017年,提出要实施"浙江制造"品牌培育工程,加大对"品字标浙江制造"和"浙江制造精品"的宣传推广力度,同时印发《"浙江制造"品牌重点培育清单(2017—2020年)》(浙质强办发〔2017〕20号),将全省1313家企业作为"浙江制造"标准研制、认证实施、宣传推介等活动主要目标。截至2019年5月底,全省共研制发布"浙江制造"标准1100余项,培育"品字标"企业超过700家;据统计,2018年全省"品字标"企业的主营业务收入约6328亿元,出口交货值1135亿元,增幅达到11％以上,工业销售产值6185亿元,增幅 12％，利润总额约 761 亿元，增幅超过 16％，体现出了"优质优价"的品牌赋能属性[①]。

"浙江制造"的发展关键是发挥好先进标准的引领作用。引领"浙江制造"的先进标准主要有两个来源，一是对标欧美日德，开展先进标准比对工作，进而修订或制定国内一流的"浙江制造"标准；二是自主创新标准，以浙江省在国际领先的产品或技术（如：视频监控设备、电子商务等）为基础，制定国际先进的"浙江制造"标准。在"浙江制造"的现行机制下，首先由省内行业龙头企业参与起草国内一流、国际领先的产品标准或管理标准，颁布的"浙江制造"标准必须有不少于 3 个指标优于国家标准，行业内各企业可自由选择是否执行该标准。对于执行"浙江制造"标准的企业来说，必须被迫通过技术改进、设备优化等手段提高自己的生产水平以使产品能够满足标准要求，进而申请并通过"浙江制造"认证，证明该企业的某产品确实是符合"浙江制造"标准的高品质产品。显而易见，先进标准对质量的提升绝非只有一家企业能够受益，相反地，它对整个行业、产业的升级都有带动和促进作用。

"品字标浙江制造"是浙江省从 2014 年开始打造的全国首个区域型公共品牌，旨在加快浙江企业向中高端持续迈进的步伐，推动浙江省从制造业大省向制造业强省转变。浙江省在"品字标浙江制造"的对标达标、认证监管及宣传推介方面取得了一系列经验：

一是对标达标方面。浙江省作为标准化综合改革试点，在全

---

① 南希，何畅，朱骅超."品字标浙江制造"开馆　认证认可助浙企"一证走遍天下"[EB/OL].（2019-06-8）[2020-08-24]. https://www.dzwww.com/xinwen/shehuixinwen/201906/t20190608_18809005.htm.

省大力开展"标准化＋浙江制造"行动，国内一流、国际领先的"浙江制造"标准的制定为加快制造业的质量水平提升提供了强有力的支撑，其中，对标找差距是"浙江制造"标准制定的关键一环。温州市是浙江省开展对标达标工作的示范地区，在积极构建标准化创新平台、开展"对标达标提标"行动、指导企业采用国际标准和国外先进标准方面具有丰富经验，曾作为全国唯一的地级市代表在"百城千业万企对标达标提升专项行动"启动仪式上作典型发言。个性化的地方工作方案、重点化的培育发展清单、制度化的激励奖补政策在温州市对标达标提升专项行动的各个环节中发挥了积极作用。对标达标的"温州经验"不仅对提高"温州质量、温州标准、温州品牌"的知名度和市场竞争力有重要意义，同时也为全省全国助推产业发展质量稳步提高、促进区域质量水平整体跃升提供创新案例和实践方案。

二是认证监管方面。打造"品字标浙江制造"是浙江省实现产业转型升级的有效路径，建立健全"浙江制造"品牌制度体系，既要抓标准引领，也要抓认证把关。作为自愿性产品认证中的典型示范，"浙江制造"认证为全国利用认证认可推动地方品牌建设和区域经济发展提供了浙江样本，为中国制造提供了强大支撑。"浙江制造"认证离不开浙江制造国际认证联盟的工作推进。这个汇聚了国际国内最有影响力的 14 家高品质认证机构的联盟组织，为浙江制造业质量提升、开启品牌国际化进程作出了诸多贡献，在"浙江制造"品牌建设中起保驾护航的重要作用。截至 2018 年 9 月，浙江制造国际认证联盟已为 195 家浙江企业颁发 354 张"浙江制造"认证证书,其中国际合作认证证书 83 张①。

三是宣传推介方面。事实上,"浙江制造"的成功实现,除了抓好标准这一"牛鼻子"外,如何让消费者快速识别"品字标浙江制造"产品并激发其购买欲望也至关重要。因此,政府在加快推进"浙江制造"的宣传推介工作,促进消费者对"浙江制造"的深入了解方面也下了不少功夫。如开展"'品字标浙江制造'走进新时代"公共品牌推广主题活动,打造"好标准铸就浙江制造好品质"专题宣传片,投放"浙江制造"公益广告,举办"浙江制造"品牌故事微电影大赛等。经过多年的发展,"品字标浙江制造"建设带来的品牌效应初步显现,市场红利也逐渐释放。先进标准引领质量提升的"浙江制造"实践,增强了企业的标准话语权,越来越多的浙江企业在国家和行业标准的起草中崭露头角,如浙江温岭的爱仕达现已是不粘锅行业标准、高压锅国家标准等 18 项国家和行业标准的起草单位;先进标准引领质量提升的"浙江制造"实践,扩大了产业集群优势,越来越多的浙江地方产业在全国市场上站稳脚跟,以厨具企业集聚的嵊州为例,作为首批"浙江制造"品牌试点县的市场效益已经初显,嵊州市厨具行业规上企业销售连续三年保持 30% 左右增长,侧吸下排式集成灶更是占据了全国 90% 以上份额。今后,浙江省还将全面深化标准化战略,统筹推进标准强省、质量强省、品牌强省建设,打造"品字标浙江制造"区域公共品牌,制定实施3000 个"浙江制造"团体标准,培育 2000 家"品字标浙江制造"

---

① 白丽媛,沈志坚,徐若景.14 家品牌企业亮相　来看"品字标浙江制造"有多牛![EB/OL].（2018-09-16）[2020-07-13]. https://zj. zjol. cn/news. html? id＝1031944&from＝timeline.

企业。[①]

◆◆【案例 4-1】

"寻找浙江新动能"系列调查："亩均"改革　如何论出"真英雄"[②]

　　"亩均论英雄"是浙江首创的改革举措，最早起缘于纺织印染等传统产业集聚的绍兴柯桥，这场延续十余年的改革与传统产业改造提升、新旧动能转换密不可分。浙江的传统产业发展较早地遇到了"天花板"，曾经的发展模式在资源、环境要素制约下举步维艰，"亩均论英雄"改革应时而生，它不再以规模为王、唯"量"论英雄，而是以单位产出为王、靠"质"论成败，试图在复杂的内外部环境中，在转型升级的大潮中，挑选出一只只"吃得少、产蛋多、飞得远的俊鸟"，引领浙江经济高质量发展。

　　一、改变从何而来：从"要我变"到"我要变"

　　在"亩均论英雄"评价体系中，评上 A 类对企业有着很强的吸引力。在浙江海盐，浙江友邦集成吊顶 2017 年度获评 A 类企业。2018 年，友邦新拿地 30.6 亩，新上项目 3 个，全部投产后，预计可实现销售收入 20 亿元。不仅限于企业，对"亩均论英雄"改革成效明显的地区，浙江在安排省工业与信息化发展财政资金时将予以倾斜，在用能权交易、主要污染物总量减排核定上将给予适当倾斜，还会给予一定新增建设用地计划指标奖励。从企业到行业到

---

　　① 虞岚婷,等.先进标准引领制造业质量提升的浙江经验[J].标准科学,2019(06)：116-120.

　　② 陈佳莹,等."亩均"改革,如何论出"真英雄"[N/OL].浙江日报,2019-6-17[2020-06-29].http://zjrb.zjol.com.cn/html/2019-06/17/content_3238928.htm? div＝－1.

地方,"亩均论英雄"已然形成了一个传导通道,为发展需求旺、潜力大的主体提供优质要素资源,形成良性循环,正是这样一种力争上游的良性氛围,取代了"劣币驱逐良币"式的同行业恶性竞争环境,让传统行业企业看到了政府对转型升级的支持,有了改变的决心。

二、如何用好"指挥棒":具体问题具体分析

行业不同,亩均效益亦有不同。"亩均论英雄"对企业的正向引导作用毋庸置疑,然而,不少传统产业与金融、信息等新兴产业在用地、用能和效益上始终有着天然的差别,如何才能论出"真英雄"？ 如何用好指挥棒,真正实现传统产业的改造提升？ 以龙游为例,龙游造纸制造业被列为首批传统制造业改造提升分行业省级试点名单,其规模占龙游规上工业总产值的三分之一以上。 近年来,龙游特种纸企业通过兼并重组、股份合作等途径不断做大做强,行业内大都是中大型优质企业。 如果按分行业排名,那么特种纸行业内部势必也会排出 C 类甚至 D 类,但在全市层面,这些企业的效益已然处于中上水平。 所以龙游在整体上采用全行业排名的方式,对于行业间的固有差别,则通过适当加分来体现。

三、倒逼效果怎么样:谋求转型奋起直追

为进一步深化"亩均论英雄"改革,全省正在加快完善资源要素差别化政策。2018 年 7 月开始,兰溪正式对 D 类企业实施差别化电价,多收取 500 多万元电费,并陆续出台水价、天然气、融资等差别化政策。此外,海宁、柯桥等县市多年前就在试点实施差别化政策,当前,尽管全省各地发展基础不同,部门间协调难度不同,在深化"亩均论英雄"改革的大背景下,各地均已开始全面落实倒逼政策。

"提高亩均效益十法"为"亩均论英雄"改革的推进提供了方法论,更为排名靠后的企业画出了奋起直追的路线图。2016年,落户海盐的浙江华利锦纺织亩均税收仅为4.8万元,被评为D类企业。随后,企业主动谋求转型升级,进行技术改造,投资1500万元进行年产700吨亚麻混纺色纱技改项目。2017年度的绩效评价中,亩均税收跃升至11.34万元,同比增长136%,获评B类企业。

案例简析 〉〉〉

"亩均论英雄"改革,是"腾笼换鸟、凤凰涅槃"的重大改革实践,是政府有为、市场有效、企业有利、百姓受益的最佳结合点。近年来,浙江省通过"亩均论英雄",在深化资源要素配置市场化改革、倒逼企业转型升级、促进经济高质量发展等方面,不断取得新进展。未来浙江在推进这项改革再深化的过程中,可进一步在精准画像、精准施策、丰富平台、提高效益等方面重点发力。

(案例来源:兰建平."寻找浙江新动能"系列调查:"亩均"改革 如何论出"真英雄"[EB/OL].(2019-06-17)[2020-07-13].http://www.xsnet.cn/news/zj/2019_6/3086375.shtml.)

◆◆ 本章小结

本章主要讲述了近年来浙江通过"腾笼换鸟、凤凰涅槃"形成的新时代浙江模式和走出这一浙江模式的主要路径。

浙江模式的特色主要表现为:第一,以民营经济为底色,浙江是市场化体制机制创新突破的先行者,具有敢于创新、敢为人先的浙商精神,长期以来致力于经济、社会、生态的和谐发展。第二,以块状经济为特色,浙江的块状经济不仅是对产业的集聚,还与县域经济发展深度融合,对人口、市场、城市发展等具有重要的集聚作用,当前在加速向现代产业集群跃升。第三,以数字经济为亮色,多年来浙江重视信息技术产业发展,近十年浙江互联网经济的快速崛起带来了新一轮竞争机遇,同时机器换人、智能化改造等加速推进,数字经济已成为浙江增长新动力。

浙江模式的路径主要体现为:

第一,数字经济引领造就浙江跨越发展新优势。浙江把集成电路、软件和信息服务业等新兴产业发展作为重中之重加以推进,积极布局区块链、柔性电子、量子信息等前沿产业,大力推进产业数字化,大力推进智能制造,高度关注企业上云和工业互联网建设,建设"1+N"工业互联网平台。此外,浙江积极发展"互联网+"柔性制造、协同制造、服务制造等新模式,以模式创新促进制造业高质量发展。

第二,营商环境吸引优质资源汇聚浙江、服务浙江。营造全球化视野下的开放合作氛围,鼓励"引进来"和"走出去"相结合,在维护市场有序发展的前提下打造以"最多跑一次"以代表的优质政府服务。在资源配置方面,浙江近年来大力推进"亩均论英雄"为导向的企业综合评价,将有限的资源分配给单位效益更好的企业,同时也倒逼企业不断升级自身,向高质量发展。此外,浙江始终致力于建设公平竞争的市场环境,不断完善政府与市场关系模式,保障民营企业的合法权益和公平参与竞争的机会,政企合力共同促进浙江经济繁荣。

第三,生态环境建设倒逼产业升级。十多年来浙江省委省政府始终把生态文明建设与经济转型升级紧密结合,作出了"三改一拆""五水共治""四换三名""四边三化"等重大战略部署,大力建设提升小微企业园,推进小微企业入园集聚提升,加大"低散乱"企业出清力度,大力建设特色小镇,根据省内各地独特的产业特色、空间结构、文化积淀等,推动产、城、人融合发展,打造浙江"创业创新"新的生态系统,有力促进全省工业转型升级。

第四,注重打造真正的产业核心竞争力和自主创新能力。浙江通过加强核心技术研发、完善技术创新服务体系、加快科技成果转化等,大力提升制造业创新能力,经济发展实现了从"要素投资驱动"向"科技创新驱动"的转变。同时,浙江用现代化经济体系建设的发展理念,顺应科技革命的发展趋势,加强建设先进制造业基地,彰显产业特色、接轨国际标准、突出技术创新、坚持绿色发展,并不断推进制度上、组织上的重大改革,实现从思路到模式的彻底转变。此外,浙江注重以先进标准引领质量提升,对标欧美日等先进国家标准,从国际领先优势的领域入手制定国家先进的"浙江制造"标准,构建"先进标准＋产品认证"模式。

◆ 思考题

1."浙江模式"最主要的特色是什么?

2.数字经济在浙江"腾笼换鸟、凤凰涅槃"过程中,扮演了什么样的角色?

3.对企业而言,吸引其在一个地方落脚、生根、发展的最关键因素是什么? 地方政府应该更加关注哪些方面的工作?

4.以生态倒逼一个地区产业转型升级还有哪些有效的手段或典型的案例?

5.如何真正提升浙江省经济发展的核心竞争力?

◆ 拓展阅读

1.苗圩.大力推动制造业高质量发展[J].现代企业,2019(4):4-7.

2.兰建平.求索区域经济转型样本[M].浙江:浙江大学出版

社,2016.

3.郭占恒."八八战略"思想与实践[M].北京:红旗出版社,2018.

◆ 参考文献

[1] 袁家军.努力打造新时代浙江民营经济高质量发展"金名片"[EB/OL].（2018-11-30）[2020-07-09]. http://zjnews. zjol. com. cn/gaoceng_developments/yjj/zxbd/201811/t20181130_887-8983. shtml.

[2] 王祖强,潘家栋.民营经济转型的浙江经验[N].浙江日报,2018-04-23(10).

[3] 杜平,潘哲琪."浙江模式"的演进与丰富[J].治理研究,2019(5):68-77.

[4] 单东.浙江民营经济30年:发展历程与宝贵经验[J].浙江经济,2008(21):28-31.

[5] 王祖强,潘家栋.浙江块状经济的前世今生[EB/OL].（2018-05-04）[2020-07-09]. http://zjnews. china. com. cn/jrzj/2018-05-04/141162. html.

[6] 浙江省经济和信息化厅,浙江省工业和信息化研究院.浙江省"十四五"时期推动数字经济高质量发展思路与举措研究[Z].2019.

[7] 浙江省经济和信息化厅.全省"1＋N"工业互联网平台体系建设发展情况[Z].2019.

[8] 夏丹.用好"减"字诀,激发新动能——2019浙江经济述评之二[EB/OL].（2020-01-01）[2020-07-09]. http://www. zj. xinhuanet. com/2020-01/01/c_1125411166. htm.

[9] 范柏乃,张鸣.浙江"最多跑一次"改革经验值得推广[EB/

OL］.（2018-05-15）［2020-07-08］. http://www. gov. cn/zhengce/ 2018-05/15/content_5291093. htm.

［10］袁东明,兰建平.积极探索区域经济高质量发展的新路径——浙江"亩均论英雄"改革的经验与启示［EB/OL］.（2018-12-13）［2020-07-08］. http://www. drc. gov. cn/xsyzcfx/20181213/4-4-2897514. htm.

［11］何建华.共享发展的浙江经验［J］.中共浙江省委党校学报,2017(3):72-77.

［12］夏丹.小微企业园正成为浙江经济高质量发展的新平台［EB/OL］.（2018-08-30）［2020-07-09］. http://zjnews. zjol. com. cn/zjnews/zjxw/201808/t20180830_8140798. shtml.

［13］施楚凡,李碧雯.浙江省小微企业园建设现状、问题及对策研究［J］.现代管理科学,2019(9):66-67.

［14］许雅文,金梁,朱银燕.再出发,开启高质量发展新征途 浙江公布新一批省级特色小镇名单［EB/OL］.（2019-09-27）［2020-07-13］. http://zj. people. com. cn/n2/2019/0927/c186806-33393965. html.

［15］兰建平.建设工业特色小镇 加快转型升级发展［J］.浙江经济,2015(19):14-15.

［16］学习有理.特色小镇:产城融合新路子 | 新浙江现象与浙江经验［EB/OL］.（2019-09-17）［2020-07-09］. http://www. sohu. com/a/341494622_785544.

［17］兰建平.探寻建设先进制造业基地的现实路径［N］.经济日报,2018-12-07(15).

附录一　"腾笼换鸟、凤凰涅槃"浙江实践时间轴

　　2003 年,时任浙江省委书记习近平提出"八八战略",明确要求"进一步发挥浙江的块状特色产业优势,加快先进制造业基地建设,走新型工业化道路",吹响了浙江建设先进制造业基地的号角。"腾笼换鸟、凤凰涅槃"就是在实施"八八战略"的过程中提出来的。浙江实践的关键事件时间轴总结如下:

　　——开启先进制造业基地建设。2003 年 6 月,省委、省政府召开改革开放后第一次全省工业大会,时任浙江省委书记习近平出席会议并作重要讲话,对建设先进制造业基地作出全面部署。

　　——系统提出"八八战略"。2003 年 7 月,省委十一届四次全体(扩大)会议召开,时任浙江省委书记习近平第一次系统提出了"八八战略",明确要求"进一步发挥浙江的块状特色产业优势,加快先进制造业基地建设,走新型工业化道路。"

　　——示范推动先进制造业基地建设。2004 年 3 月,全省先进制造业基地建设工作现场会在绍兴召开。

　　——明确提出"腾笼换鸟、凤凰涅槃"。2004 年底,在浙江省经济工作会议上,习近平同志明确指出:要破解浙江发展瓶颈,必须切实转变经济发展方式,实施"腾笼换鸟"——"天育物有时,地生财有限,而人之欲无极。浙江只有凤凰涅槃,才能浴火重生"。

　　——搭建高层次科技创新合作大平台。2005 年 4 月,省政府

举办先进制造技术合作与交流大会,时任浙江省委书记习近平出席会议并作重要讲话。

——工业总量迈上新台阶。2008年浙江工业经济增加值首次突破万亿元。

——推进大平台大产业大项目大企业建设。2009年12月,全省经济工作会议提出把转型升级作为经济工作的主攻方向。

——推动浙商创业创新。2011年12月,省委、省政府出台《中共浙江省委浙江省人民政府关于支持浙商创业创新促进浙江发展的若干意见》(浙委〔2011〕119号)。

——建设工业强省。2012年4月,省委、省政府作出建设工业强省的重大战略决策,发布《浙江工业强省建设"十二五"规划》(浙政发〔2012〕39号)。

——实施"四换三名"。2013年,省委、省政府推出以"四换三名"、培育八大万亿产业为核心的工业转型升级组合拳。

——推进"两化深度融合"。2014年4月,省政府部署两化深度融合国家示范区建设。同年5月出台《浙江省人民政府关于加快发展信息经济的指导意见》(浙政发〔2014〕21号),提出加快建设信息经济大省。

——成功举办世界互联网大会。2014年起世界互联网大会永久落户乌镇,习近平总书记出席第二届世界互联网大会开幕式并发表主旨演讲,提出共同构建网络空间命运共同体的五项主张。

——统筹推进制造强省建设。2015年12月,省政府出台实施《中国制造2025浙江行动纲要》,并与工信部签订部省战略合作协议。

——推进供给侧结构性改革。2016年3月,省政府发布《浙江省人民政府关于加快供给侧结构性改革的意见》（浙政发〔2016〕11号），深化"三去一降一补"。

——实施"最多跑一次"改革。2016年12月，省委启动实施"最多跑一次"改革。2018年11月，制定出台全国第一部地方性法规《浙江省保障"最多跑一次"改革规定》。

——统筹推进大湾区大花园大通道大都市区建设。2017年6月，省第十四次党代会部署推进"四大建设"。

——推进传统制造业改造提升。2017年9月，省委、省政府召开传统制造业改造提升工作推进大会，2019年11月再次召开全省传统制造业改造提升现场推进会。

——实施数字经济"一号工程"。2017年12月，省委经济工作会议提出要实施数字经济"一号工程"，2018年制定出台《浙江省国家数字经济示范省建设方案》和《浙江省数字经济五年倍增行动计划》。

——实施"亩均论英雄"改革。2018年5月，全省召开深化"亩均论英雄"改革大会。2019年11月，出台《关于深化制造业企业资源要素优化配置改革的若干意见》（浙政办发〔2019〕62号）。

——推进小微企业园建设提升。2018年8月，省委、省政府召开全省小微企业园建设提升暨"低散乱"整治推进大会。

——促进民营经济高质量发展。2018年11月，为贯彻落实习近平总书记在民营企业座谈会上的重要讲话精神，省委、省政府制定出台《关于进一步促进民营经济高质量发展的实施意见》（浙委办发〔2018〕83号），推出一系列促进民营经济高质量发展的组合拳。

——实施"科技新政"。2018年11月，省政府发布《浙江省人民政府关于全面加快科技创新推动高质量发展的若干意见》(浙政发〔2018〕43号)。

——全面开展"三服务"活动。2018年12月,省委部署在全省开展"服务企业服务群众服务基层"活动。

——工业总量再上新台阶。2018年浙江工业经济增加值首次突破2万亿。

——实施培育先进制造业集群行动计划。2019年1月,浙江提出构建"415"先进制造业集群体系。

——颁布《浙江省民营企业发展促进条例》。2020年1月,省人大表决通过《浙江省民营企业发展促进条例》。

——谋划新时代制造业高质量发展。2020年2月,制定浙江制造业高质量发展若干意见,编制制造强省建设规划纲要,迈上融入长三角一体化发展大格局、打造世界级先进制造业基地的新征程。

附录二　《跨越》视频

手机扫描下图二维码，可观看《跨越》视频。

该视频总结梳理了浙江省在习近平"腾笼换鸟、凤凰涅槃"重要论述的指引下，以"一张蓝图绘到底"的豪情，17年努力践行制造业高质量发展历程和主要成果。视频为 2020 年 3 月 16 日召开的浙江省制造业高质量发展大会开幕视频，文字脚本由本书作者撰写。

后　记

　　本书系统总结了习近平同志"腾笼换鸟、凤凰涅槃"重要论述的形成背景、发展过程、主要内容、基本逻辑，及其相关论述与部署、探索与实践、拓展与升华。全书共四章。

　　第一章，重点介绍"腾笼换鸟、凤凰涅槃"重要论述的历史背景，概述了"腾笼换鸟、凤凰涅槃"的论述形成—实践探索—战略深化的发展历程。第二章，详细介绍了浙江省推动"腾笼换鸟、凤凰涅槃"重要论述在农业、工业和服务业领域的探索与实践、突出做法以及一批典型经验模式。第三章，主要以建设先进制造业基地、创建特色小镇、推进数字经济"一号工程"为切入点，剖析"腾笼换鸟、凤凰涅槃"重要论述在三项重点工程中一脉相承的发展历程。第四章，主要讲述了浙江通过"腾笼换鸟、凤凰涅槃"下形成的新时代浙江模式和走出这一模式的主要路径。

　　唯实求真、守正出新。自"腾笼换鸟、凤凰涅槃"重要论述提出以来，我们力求恪守专业精神，重点围绕浙江经济转型发展开展客观的分析和总结，积累了大量一手研究资料，也获得了一批研究成果。参加本书编写的有：曹婷、王田绘、刘鹏、章哲（第一章）；赵立龙、杨蓓蓓、张洋、范佼佼（第二章）；赵韵雯、梁靓（第三章）；李幼芸、李文浩、朱国平、宋婷、陈静（第四章）；王占伟（附录一）。本书的整理和出版，对于高等学校、科研机构、党政机关及企事业单位开展相关领域的研究，具有较好的参考价值，也具有一定的理论和实践指导意义。但受理论水平、经验积累和不确定因素的影响,有的观点、判断难免有不当之处,还望各位专家学者和广大读者批评指正。

兰建平

2020 年 10 月

图书在版编目(CIP)数据

腾笼换鸟 凤凰涅槃 / 兰建平编著. —杭州：浙江
大学出版社，2021.3
ISBN 978-7-308-21028-7

Ⅰ. ①腾… Ⅱ. ①兰… Ⅲ. ①制造工业－工业发展－
研究－中国 Ⅳ. ①F426.4

中国版本图书馆 CIP 数据核字(2021)第 025635 号

腾笼换鸟 凤凰涅槃

兰建平 编著

总 编 辑	袁亚春	
策划编辑	黄娟琴	
责任编辑	柯华杰	
责任校对	高士吟	
封面设计	程 晨	
出版发行	浙江大学出版社	
	（杭州市天目山路 148 号 邮政编码 310007）	
	（网址：http://www.zjupress.com）	
排 版	杭州朝曦图文设计有限公司	
印 刷	浙江新华数码印务有限公司	
开 本	710mm×1000mm 1/16	
印 张	14.5	
字 数	167 千	
版 印 次	2021 年 3 月第 1 版 2021 年 3 月第 1 次印刷	
书 号	ISBN 978-7-308-21028-7	
定 价	39.00 元